Reflective Assays

Ray Huang

黄仁宇全集

第九册

关系千万重

九州出版社

图书在版编目（CIP）数据

关系千万重 /
（美）黄仁宇著 . —2 版 . —北京 : 九州出版社，
2011.11（2022.10重印）
（黄仁宇全集）
ISBN 978-7-5108-1226-2

Ⅰ . ①关… Ⅱ . ①黄… Ⅲ . ①随笔 – 作品集
– 中国 – 当代 Ⅳ . ① I267.1

中国版本图书馆 CIP 数据核字（2011）第 227894 号

十八岁的黄仁宇在长沙读高中时

黄仁宇与格尔

目 录

自 序

这本集子收录了十多篇我近年在各刊物已发表或写好待发表的文字。发表的主要地方是《中国时报》系的"人间"和"时代"副刊。《李约瑟给我的影响》则原见于《历史月刊》;蒙月刊慨允在这里重载。原来发表的日期已注明在每篇之后。

最初写稿的时候并无通盘计划。现在看来,则各篇无不涉及历史的场面与层次。即是个人回忆与旅游观感也无不沾上了当今历史变化的成分。本来这种色彩可以出现于任何人之笔墨:我们活动的范围全是"人间";所接触的事物也无逾于"时代"。不过一个学历史的人,处于当今内外大变动之际,朝夕萦思,免不了对环境的变化特别敏感。为什么中国这么多的母亲受罪遭殃?为什么我们对性的禁忌日益开放,尤其属于女人部分?为什么这么多国家的货币突然发生问题?事态的变化突如其来,却又如是得普遍,这情景逼着我们通盘考虑。所产生的问题看来已不是个人的问题,我们的对策也务必透过时代的改变,从长计议。

去年(1997)11 月我承时报出版公司总经理莫昭平小姐之邀,来台北发表过一场演讲,讲题即是本书开首第一篇的《关系》。大意是古今中外的重要文学作品,一般不外发挥以下三种关系:生死关系、金钱关系和性关系。这三种关系也经过达尔文、马克思和弗洛伊德的详细分析。今日的局势则是三者都在透过重要的修订或改变。

主要的原因也可以说是资本主义的来临，实际则是因为交通通信的发达，所有的国家都要将旧日的农业体制改造为商业体制。农业社会的管制方式，一成不变，一切以道德的名义检束。读者可从《何键》一文追想其梗概。商业则重交换。只要各物概能公平而自由地交换，外在的纪律束缚可以逐渐放松。《李约瑟给我的影响》说明我涉入这类研究之由来。

可是上面这几句话说来容易，要确实照做，则务必发动所有的人，上自思想信仰，下迄衣食住行，无不需要改造或调整。换言之，人类的各种关系，很少能够原封不动。《大变局中读历史》表示我们要放大胸怀，才能体会此中真意。再如《内战》和《世上鲨鱼四十亿》也从旁说明中国需要改造的原因，《母亲》更表示改造期间的痛苦，很少的家庭能够幸免。

书内也有几篇文字，提及我在1946年初来美国的经验，像《露从今夜白》、《从烤面包说起》和《雷温乌兹要塞》，多方表示一个国家进入商业体制，军队各部分可以随意提调，有如机械之零件。如此这国家才算可以在"数目字上管理"，成为一个现代国家。否则各不相属，徒用狭义的道德为标榜，不能解决技术上的问题。再说一次吧，从农到商，不仅在增进各种关系，而是要将组成关系的原则一并更新。

另一方面，即是美国，虽已高度的工商业化，也仍在不断改变之中。我所写的《东安街六〇六号》叙50年代事，《迈阿密的故事》叙90年代事，就已表现社会的步伐加速，各种关系也要因之调整。我们无从说这样的改变是好是坏，因为好坏全是个人主观；而历史的进展有它自己的规律。虽然我们无法预言五十年后是怎样的一个世界；以此类彼应当不会倒退回去。读者如再看拙文《何键》

一遍，当信我言非虚。

我和很多学历史的人一样，认为一件重大的情事，牵涉广泛，竟已发生，又不可逆转，则当中必有理由；是为历史的仲裁。这种实证主义positivism的成分是《成则为王》文中之要旨。《母亲》文中也作类似的结论。相反的，客观环境尚不容许，不到时机成熟，即忙着采取行动，冒大不韪，也甚可能自招贻戚。目前一个显明的例子乃是在某种情景之下西方人提及自由，其立场并非抛弃道德；而是将检束的责任放在各人自己身上；同时也让各人以自己的良心做主。很多事情，西方经过实验已能如是。但是在东方，一般民智未开，人民宗教观念的取舍未定，"关系"的改造还未成熟，是否也能立即如是，甚成疑问。这一套理论也是牵涉广泛，我写此文时不期而然地感到责任綦重，也免不了语重心长。读者不要忘记"成则为王"的反面即是"败则为寇"。

上文尚未提及的其他六篇，初看好像另成一系统。范围牵涉到日本和东南亚国家，内容则又概括经济与宗教。其实一言以蔽之亦无不涉及"关系"。我在第二次大战期间曾服役于印度和缅甸，战后又驻留日本三年。此外三十年前在纽普兹教书的时候，因为学校里规定亚洲系的教授须共同讲解东亚国家概况的一门基本课目（以作国民外交的准备，当日为所有的学生必修），已经注意于这一整个区域之发展。同时以后环顾内外也深觉得对这些国家的最基本之认识为我策划的"中国大历史"之所必须。（司马迁在纸张尚未发明之前犹且将《南越列传》写入《史记》）读者必须注意21世纪中国的前途将部分由周边国家的出处决定，有如在20世纪日本与美国的命运半由中国决定。当一个国家再造之际，它发动重订"关系"的冲力，必较其他相当平稳的国家之影响为大。此非单独地计算这些国家之军备与实力时所能预见或概括。

有了这样的交代，以下各篇宗旨不说自明。《东南亚金融风暴》经过钱果丰博士过目，并指正原稿的错误数据。（当然，文中的立场和尚有不妥的地方由作者自己负责。）他是香港行政局议员，英之杰财团董事长，和我为世交。

其他各篇写《印尼的彷徨》，《印度教与核威胁》和《日本，Nippon，Japan》。其中有一点要再三着重申明：各篇提及不同的宗教，从一个学历史而注重唯物的人看来，它们的不同特色，大都由于地缘政治的差异之所致。此一点必与很多信教虔诚的人和唯心专家所见有距离。

虽然如此，如何概括本书，既是人身经验，又牵涉地缘政治？

让我这样说吧：这是一本随笔，出入于历史的边缘和侧后，也渗入了某些"寡人好勇，寡人好货，寡人好色"的成分，不过和作者所著其他书刊有很多接近的地方。从大历史的角度看来，今日各种关系丛集，有令人无法抽身之感。

黄仁宇

1998 年 10 月 14 日

关　系

　　提到关系这一名词，我们就可以立即想到私人关系、家庭关系、利害关系、性关系、金钱关系、外交关系、乡土关系、人身关系、多重关系、双边关系、直接关系、微妙的关系、紧张的关系等等。

　　关系可能表示不期而然的影响。例如说"关系重大"。关系也可以概括一种看来好像合法而实际又非法的交往。例如最近有不少外人在中国做生意，看到中国政府好像什么事情都管，却没有一定的法则。一项提议希望提早通过，免不得要走门道，或者托人送一批礼物，这样也可以称为"找关系"。

　　这样一来，关系（guanxi）这个名词可以不时在外国报纸上看到，几乎成了英文所吸收的外国词语之一，有半公半私，介于合法与非合法中间地带的模样，其所以不能全部称其不合法，乃因直到最近中国才由农村社会改进而为工商业为主体的社会。农村社会里人与人的关系为单元，你与我打交道，通常不影响到第三者。工商业社会里人与人的关系为多元，如果你我私自打交道，甚可以间接危害第三者，甚至可以使他亏本破产。

　　目下关系占这样一个重要的关键乃是社会全面改造，事属创举，立法工作还没有完全赶上社会的行动；或者社会虽已改造，也并不是所有支持的因素都全部在位，而做事的人也甚可能有因循旧习惯的趋向。

我常常说，英国在17世纪和中国的旧社会有很多相像之处。当日的英国也刚由农村社会进展到工商业社会。且17世纪英国的外交，大概无非王室与其他王室的交往。税收一般取包办制度，财政也无法公开。所以致富的捷径，一是做官，一是替国王当采办（Purveyor），国王宫廷里经常大开筵席，每年所用的猪羊动辄以数千头计。所用品目与酒类，全以数目分配于各地区承办。所付价格一般只有民间物价四分之一。所以这安排就成为承办人牟利的渊薮，要取得这些职位，主要地在成为国王的佞幸，这也就是凭借关系一走后门。所不同的当日英国并无政府本身经商的情事。还有一个维持关系的办法，则是政府首先通令禁止经营某种事业，以后却又授权，某某私人可以例外，这样无异于颁发专利的特权。

可是这并不是说：英国既然曾如此，今日中国也如此，情有可原。17世纪的世界公私不分不能算作特殊情景。况且纵如是，英国民间已因之提出抗议，为内战爆发日后严格限制王室权力原因之一。今日中国的经济改革，无从避免内外的协助合作。若是当中非正规的行止依然泛滥，可能为成败的关键。所以今日大陆有意严厉地肃清贪污，包括杜绝这些走后门引用关系的行径只是事理之当然。

在历史上说，在关系上分出公私的界限，严厉执行，始自商业性格的国家已不容疑问。13世纪的威尼斯，可算世界上最早以商立国的城市国家。它的法律即已禁止它的统领（Doge）广泛接受内外的礼品，所收外国的礼品限于苹果、樱桃与螃蟹。今日美国的总统可以接受外国的礼物，但是必须登记，算作白宫所有，不能由总统据为私人的所有物，也是缘于杜绝非正常关系的用意。

上面提及的乃是不正常的关系。此外经常的一般的关系，无人没有，无日无时没有。我们各个人有生之日不能避免与外间的接触。很少的例外，一经接触，就可能产生关系。既有关系牵涉，也经常激动情绪。做梦即系情绪透过下意识的一种表露。梦中的对象通常是我们自己熟悉的人，借着梦景我们表示自己的思念、怀慕、追悔、嫉怨、恐惧或者仇恨。纵是一个人决心做隐士，与外界绝缘，也是因为与外界发生关系感到不愉快，退却之后，闭户自恃的一种反动。并非最初即由我自己做主，自始至终即保持一个一尘不染的决心。陶渊明因为有不愿"为五斗米折腰"才作《归去来辞》，并且也因为具有"携幼入室，有酒盈樽"的家庭关系，才放弃"以身为形役"的雇佣关系。这样一来，我们白天做人，晚上做梦，都无从避免关系。我在密歇根上学的时候，有一位毛尔教授（Wellesley Maurer）他就提倡所谓个人（individual），全系虚构。如果各个人果真存在，也不过是一种观念，并非实体，他的说法亦即着重我们无从与关系绝缘的见解。

　　在各种关系之中，以以下三种最为重要。一是生存的关系，王羲之作《兰亭集序》即标榜着"一生死为虚诞，齐彭殇为枉作"。可见得希望保持自我（self-preservation）是人类共通的性格。第二种关系乃是性关系。孟子说："食色性也"，把男女间的情欲与饮食摆在一起。以后中文"性"之一字与英文的sex等量齐观，看来原由在此。第三种关系乃是经济关系，概括言之人类首先即希望保持生存的权力，次之生育繁殖，继续下去更要丰衣足食。连孔子也说："邦有道，贫且贱焉，耻也。"可见得在正常状态之下，一个人应当去追逐名利。

　　因着以上三种关系的需要，齐宣王在孟子面前招供，他自己一生有三个大毛病："寡人好勇"，他喜欢打仗。接着又是"寡人有疾，寡人好色"。他喜欢在异性跟前找快乐。还有"寡人有疾，寡人好货"。他喜欢搜罗金银囤积物资。孟子因着齐宣王之坦白，也就告诉他，这三点都是一般人的欲求，没有什么了不得。只要国王以百姓为重，在追求这类欲求时不忘记以全民福利为本位，并不妨碍他的王业。

而且欧洲在19世纪产生了三个大思想家。他们各以科学方法对上述三种关系作过个别的解释。达尔文（Charles Darwin）是生物学家，著有《天演论》述及物竞天择、适者生存的自然程序。弗洛伊德（Sigmund Freud）创立心理分析学派，发现了下意识（subconsciousness）的力量，尤其注重性的推动力（sexual drive）在人类行为中所产生的作用。马克思（Karl Marx）提倡唯物史观：历史的重心在物品的生产方式与分配方式。

齐宣王和孟子在公元前3世纪的一段对谈，不期而然地在19世纪末叶获得了西方思想家作释注支持。为什么齐宣王喜欢打仗？你去问达尔文吧。他为何又好色？去问弗洛伊德吧。（听说他闻名较迟，他的《梦的解析》出版于1900年。）为何他尚且好货？去问马克思吧。即此人类最基本的三种关系都有了自然科学和社会科学的"实证"。有些历史家就提及：人类的思想史到了19世纪的末年卷入物质主义的最高潮。

我们回头检阅中外文学作品，也发现上述的三种关系构成了各种小说与剧本不可或缺的题材。《西厢记》与《傲慢与偏见》可算采用单元题材，彼此都以男女关系作写作的重点。《玩偶之家》虽然在提倡女权，但是娜拉的丈夫叫她"我们的小松鼠"，又以她独自出外向人借债为不名誉，也就沾上了男女关系与金钱关系了。文学作品所叙述的横宽与纵深加长放大，三种关系挂钩的机会愈多，读者很容易地看出荷马所作史诗，就概括了以上三种关系。

我们再看莎士比亚：《威尼斯商人》提到借款逾期不还，贷方依约有权割去借方身上的一磅肉。这故事象征式地寓意于高利贷之可怕，也将一切责任推给犹太人。两方的交恶近于战斗状态，涉及生死关系。而实际情形也确系如此。我们在历史中可以找出威尼斯排斥犹太人的记录。好几次还不许他们在岛上居住。剧中以主角波西亚女扮男装在法庭做律师。我不知道何以女扮男装在戏台上有特别的性之吸引力，也不知道这种倾向心理上健全与否，总之这也是《威尼斯商人》剧中特色。当然剧中也提及进出口商冒险经营，可能船货漂没。即此战斗、性爱和经济关系都牵拖上了。

我们一般观感：男动女静。男人对外，女人当家，在中世纪尤然。也在这种条件之下，独出的女性，打破这种规范，也特别有她们的魅力。《麦克白》以谋杀国王邓肯为题。麦克白本人只能打硬仗，谋杀不是他的专长，整个计划由麦克白夫人筹谋，最后也由她以匕首完成。剧中也表示她在不断地洗手，大概行凶时血溅指掌，她虽洗而终不能涤除内心的罪咎。剧中无直接提及经济关系之处。但是邓肯与麦克白分为堂表，国王被弑，麦克白继承王位，则富贵利禄是谋杀的动机，也是剧中主题。

这样一来，寡人有疾、寡人好勇、寡人好色与寡人好货，既是人类共通的欲求，也透过古今中外的经验，成为了文艺工厂里的基本原料。《战争与和平》洋洋一千四百多页更有机会充分使用这些原料。说及战争，书中就请拿破仑亲自登场。波罗丁诺（Borodino）一役，炮弹在读者耳旁横飞。阵亡的当场身首异处，受伤的面目变形，虽将官亦可当场被俘。

再讲到男女关系，则这部小说无异于《19世纪前期帝俄贵族婚姻史》。内中有一打以上重要的角色，年轻男子都为军官，女子也全有公主郡主的头衔。他们相互地求婚、议婚、拒婚、骗婚、悔婚、离婚、重婚。也有男子疑惑妻子外遇，与传说的情夫决斗之情节。拿破仑入莫斯科，这城市被焚之后，各人家业有了急遽的改变，他们与她们的关系也要经过一度调整。托尔斯泰具有气魄，他的手艺（craftsmanship）却又精致绵密讲到经济，现代读者不难在这篇小说之中窥见当日工资与物价。

文艺作品愈接近于我们的时代，上面提出的三种关系——生死、男女与经济——掺入的成分愈为明显。帕斯捷尔纳克（Boris Pasternak）所作《日瓦戈医生》（Doctor Zhivago）内中女主角乐娜一生有关的三个男子就分别代表这三种关系。她的丈夫——她叫他帕沙，做革命党，发传单，后来战事爆发打冲锋，在内战中更成为红军里的将官，无疑的是为好勇。乐娜的继父——实际也是母亲的姘头——维克特——律师出身，侵犯了她的童贞，为人尖钻，到处打算盘，总是占便宜，可称为好货。只有日瓦戈医生，细腻体贴。虽在冰天雪地之中仍在作诗赞美她。只是与她同居，也抛弃了自己的妻子，可称为好色。只因为世局的动荡，才把这样三个各走极端的男人摆在一个女人的面前。

这三种关系的出入也代表作者读者的意向。我们打开中国的古典小说，以《红楼梦》为例：

黛玉葬花——侬今葬花人笑痴，他日葬侬知是谁?一朝春尽红颜老，花落人亡两不知! ——自身怜悯（self-pity）生死关系。

"宁王好武兼好色，遂教美女习骑射。" ——他自己就已讲得清楚，又好勇又好色。

好姊姊，把你的嘴红给我吃了吧! ——你家里只有门前一对石狮子才算干净——男女关系。——《红楼梦》造成一段幻想（fantasy），一个"富贵闲人"有无限的机缘（unlimited access）去接近异性。所有的丫鬟全是国色天香。违犯伦理也没有关系，因为全书不过是一本"风月宝鉴"，风月宝鉴只能正看，读者不能以"贾"乱"甄"。

刘姥姥、焦大等人——倒反提供了一个外界的现实。作者利用一般人好货的心理，造成一座不劳而获的大观园之金碧辉煌，还是要借着这些人，和以后的贾府抄家、贾宝玉出走做和尚等情节，才把自己所制造的肥皂泡沫说穿斫破，同归于现实。

《红楼梦》可与《战争与和平》比较来读。这样看来俄国到底还是属于西方传统。与中国比较，一是武士精神；一是文人习惯。一夫一妻制与一夫多妻制的差别更为明显。一方面注重竞争，赌博和养马在贵族生活中占重要地位。一方面消灭了竞争，做富贵闲人也真的是富贵闲人。一方面讲得机要处不讲俄文而讲法文，一方面即填词作诗。

《红楼梦》也可以与《水浒传》并读，《水浒传》里所叙中下层社会完全又是一个不同的世界。

生死关系：武松打虎，宋江杀惜——打大名府，劫法场——将人诬告，发往充军不算，还要押解之人，通常称为张千李万的，在路途乘机谋杀，将脸上金印揭下作证交账——吴用给卢俊义算命，主三十日内有血光星数之灾。

男女关系：潘金莲、阎婆惜、母夜叉、一丈青——林冲解围了被人调戏的妻子，还没有问及夫人是否吃惊，先要知道被他"玷污了不曾"。因为这严格的贞操观念，把婚外情的负担全放在"乐户"身上。以致宋江嫖妓狭道中几乎与徽宗在李师师家中相逢。

经济关系：贩枣子，卖酒，打家劫舍谓之"替天行道"。劫"生辰纲"。大碗"吃"酒，大块吃肉，"把那好牛肉切他十斤过来。"——粗率无选择性。

这样看来，铺陈关系，各有其层次与场面。文学家叙述到不同的关系时，即已勾画出来侧后的社会背景。

说到这里也触发着下面一个题目：我们所说的关系，只是作家的原始资料。要将这批原料制作商品，还得加工。加工则不能不顾及时下的需要。在这方面历史家与小说家有一个共同的着眼：好的历史作品反映着时代眼光；畅销的小说也要迎合时人的兴趣。timeliness是文艺工作者的重要生意经。

上面已经说过：19世纪末叶，达尔文、弗洛伊德和马克思已将人类物质主义的观感，提引至最高潮。不料在20世纪，他们的主张又在各种行动上被推进到他们自己尚没有预想到的程度。

达尔文的"物竞天择，适者生存"还只用于动植物。他们获得优厚的生存空间与营养，于是其继续生存的机会凌驾于其他种类之上，这种理论，也可延伸而为"社会达尔文主义"引证到人类生活中去。如果优者生存，劣者被淘汰，是为上天谛命，那我们又何必向强有力而能干的人抽税，去津贴弱者，是为与天理相反行动，褫夺优势者应享有的权利，无意义的延长应受淘汰者的苦痛？

这样看来，社会达尔文主义更为种族主义开路。

我在中学上学的时候，曾看过一本课外读物，作者德皇威廉第二，因第一次世界大战失败之后，寄居荷兰作此回忆录。书中也提及优种民族和劣种民族。威廉最仰慕的民族，乃是日本人，因为他们爱斗而好血。把好血也算一种美德，也只有醉心于社会达尔文主义的人，才能为之慷慨道出。至于日本人之爱斗而好血，倒确有实证。例如1944年云南松山之役，日军第一一六联队一千二百人，曾杀伤六至七倍之中国军，因为他们准备全员战殁。事后调查，该联队只有十人逃脱，只有九人被俘。其所以被俘乃因我军以坑道作业，用炸药将他们的阵地爆破，此九人来不及自杀而被震昏。以后据他们供称，先一日他们已焚烧军旗，将自己受伤者处死。只是今日看来，这样的战法应当提倡而褒扬，抑或受批判指摘，实为可疑。威廉的回忆录倒确有为日本人鼓励的趋向。

威廉看不起中国人，因为中国人散漫无纪律。只是中国仍有一种优势，则是他们的人口多，只要抽调他们人口百分之一，数百万大军瞬息可以编成。威廉心目中的"黄祸"，乃是这样的大军进兵欧洲。但是这大量的貔貅，不由中国人自己编组而成，而是被日本征服之后，在日本人鞭策之下才能成为事实。我读这书时还是1930年间的事，无疑的，若干日本军国主义者曾受种族主义者威廉第二的启示。

我们虽不能说俾士麦及威廉手下的第二帝国即是希特勒的第三帝国之前身，但是另一方面也绝不是风马牛之全不相涉。大概思想上的因素，透过环境上的干预，也即前后关联。在德国既有凡尔赛和约与巨额赔款，又加以1930年间的经济不景气，以前思想上的因素更受修正，更被歪曲，只有变本加厉，这样的情形在所不免。希特勒是第一次世界大战时的下士，到了第二次世界大战成了德军统帅，他即彰明较著的要替优秀的日耳曼民族创造一个"生存空间"（lebens raum），他的参谋长凯特尔（Wilhem Keitel）还在日记中写出，筹备这样一个生存空间，德国必须在它的四周消灭一亿人口。所以他们对犹太人"最后的办法"，集体屠杀六百万，出于这种优秀民族之一念之差。

第二次世界大战也可以说是人类思想里的一块试金石。全人类牺牲了好几千万人命，去考验有无这样一个优秀民族的存在。

人类次一重要的关系——性关系——也在20世纪经过一段空前的变化。尤其女性的解放更为彻底。我还记得我在学士班选修新闻系课目的时候，那已经是1950年间的事了。教授讲解诽谤法。他说一个女人的贞操，是很有重量的名誉问题。如果处理得不好，可以产生严重的诉讼。现在这种情形早已改变，还有不少的女性以婚外情为荣。"我是肯尼迪的情妇"，不仅名誉无损，而且尚可自抬身价，莎莉·麦克琳（Shirley McLaine）曾说整个婚姻制度业已过时，人家即问她既然如此何不离婚。她就说连离婚也是老派头，也无必要。这是半个世纪之前无可想象的。

将这些情形归咎于弗洛伊德也可以说是张冠李戴。弗洛伊德是医生，他因为临床判断发现不少神经病的根源由于被压抑的冲动。这种被压抑的冲动之中性关系最为紧要，如由病人自身说出可能廓清病源。而他之所谓"性"有一个极为广泛的含义。比如一个婴孩受母亲的哺乳也是一段性经验，所以饮食也与性有关。

这种理论也可以一再伸展引用。我又有一个教师讲解文学作品与故事中动机，我因为他也是医生出身，才选过他的一堂课。及至他说及《白雪公主与七个矮人》里面的"发掘"dig、dig、dig也带着性的寓意，就只使我疑信将半了。因为用"发掘"表示男人向女性做爱，完全是美国人的粗俗俚语，在其他文化里，并不尽然。再又有他说及用钥匙将锁打开，也包含着下意识内性的动机，则更无从实证。可见得以下意识为题，取舍之间没有一定的准则了。

而且今日性爱之泛滥，与其说倡自弗洛伊德，还不如说由于避孕丸的发明，自此之后性关系与强迫怀孕脱离关系，才产生了女性的性自由。再有1954年美国最高法院判决一案，称为超级影片公司控告俄亥俄州教育部（Superior Film Inc.vs.Board of Education of Ohio），判决书认为电影也是一种言论，不是影片中男女主角都在发言么？所以它应受宪法修正案第一款言论自由的保护，自此之后，也不论色情不色情、猥亵不猥亵，这些考虑都已过时了。

说到这里我也要附带解释：西方法律只防止个人为恶时侵犯公众或旁人，不逼人为善。因为道德上之事，没有绝对的标准，更无法强制执行，尤其自宗教革命以来，良心上之事只有各人自身做主。还有一点则是性的自由也仍与经济发展有关。比如说，如果女子没有就业的机会就很难享受到性的自由。而且离婚时的赡养费，也还是一个重要的因素。

第三种关系——经济关系——其所赋予的行动，也以马克思的名义执行。举凡20世纪重要的革命以及激烈的工会运动、叛变与游击战，很少不假借马克思的名义主持。此中也待解释。有些学者早已指出：马克思一生著作甚多，不过流传最广的《共产党宣言》与恩格斯合著，充满着煽动性。内中警句如"用暴力推翻全部现存的社会制度"，原为1848年的革命而作。不是学术论著，而他较有体系、带学术性的著述则只有极少的人过目。当中又免不了自相矛盾之处，因此也易给人抓住，借题发挥。

怪不得马克思自己生前就指斥有些人以《资本论》卷一作一切的标榜实为"庸俗的马克思主义者"。他又否认自己为"马克思主义者"。

从各种迹象看来：以上三种运动——种族主义、性的冲动和马克思主义的各种行动——都在20世纪掀至顶端，刻下都有反动、紧束或重新考虑的态势。

如以言种族主义：则经过柏林总理府地下室和停泊在东京湾美舰"密苏里"号甲板上的判断，否定了优秀民族的存在，其反动的出处也极为可观。

我第一次在1946年去美国及1952年第二次抵美，南部汽车站的候车室都分别为白人用及黑人用，饮水的喷泉也有区别。这当中经过一段奋斗，今日以种族分隔已是不可思议。不仅美国、南非如此，即最近旅行于伦敦、巴黎也可以发现，各该国首都有片面改体为多民族国家之形象。迄至1940年间，西方电影仍以描写人种间的战争为常用题材，如美国联邦军队对付印第安人、英国殖民地军队对付印度人及埃及人，以及法国志愿兵团对付摩洛哥人，当中仍离不开优秀民族与劣等民族的分野。今日此种作风早已成为往迹。

不过人类的部落思想，并没有完全遏止。所谓生死关系也仍在国际间、种族间、部落间和思想体系集团间存在。好勇好斗也仍表现为人类习性，有如波斯尼亚种族与宗教间的战争，非洲中部胡图族（Hutus）与塔齐族人（Tatsis）的厮杀仍可再开，亚洲腹地间各民族的局面依然紧张。这样看来今日之"好勇"待开发国家超过已开发国家。

关于性的自由，最近也有受检束的趋向，艾滋病的流行，是一种重要的因素。还有将性爱摆在镜头前在银幕上张扬，虽有商业上的好处，到底做得过分，千篇一律，好像电影里汽车赛跑一样，映得人人厌倦了。本来性爱之引人入胜，尽在不言中，只有当中幻想的成分多，甚至具有神秘性格，而又加入罗曼蒂克的成分，才有真趣。多少年前，我曾读过一本小说，记的是美国南北战争期间的一段故事，也摄成电影，称为*Raintree Country*，不知有中文译本没有。如果没有不妨称之为《榕树之乡》。内中男女主角反复地相对说出："我是你气也喘不出来的爱人"（your breathless love）、"我是你毫无悔憾的奴隶"（unrepentant slave）。此中情调有如《西厢记》里写及女主角去后，男主角发现她留在枕上的泪迹晶莹，此种境况要比机械式地做爱，"以身为形役"，要妙曼得多了。

这可能还是我个人的主观。但是最近像李安的影片如《饮食男女》、如《理性与感性》（*Sense and Sensibility*）能够受到普遍的欢迎，也为观众表态。他们认为艺术作品描写各人心情之细腻处要比一味暴露性爱之生理一面值得欣赏了。

以言婚姻则综合最近各方态势，不仅没有被废止，而只有在年轻人面前更受重视的趋向。

再提到马克思，一般有识之士，都对他有不同的看法，都超出于一般简单的阶级斗争的观念。剑桥经济学家罗宾生（Joan Robinson）就指出《资本论》卷一，说及利润比率（rate of profit）亦即利润与资本家所投资之比率，后者包括机器厂房之折旧以及原料和工资，长久保持一定的状态。及至写至第三卷，则说及长久情形之下，利润比率必下跌。推论之，则实际工资必提高。罗宾生推究，两说都有历史上事实之凭据。原来《资本论》卷一至卷三的出版期间，中间有二十八年的距离，当初马克思根据工业化刚开始的情形，仿效古典派经济学家李嘉图（David Ricardo）的说法，认为工资只是使工人恢复劳动力的代价，亦即工人胼手胝足工作一天之后，衣食无缺，不多亦不少，第二天仍能回厂工作。而当时实情也确是如此。但是马氏写至第三卷时，参照工业化已相次展开的情形，承认这条件已有相当的改变。

而且马克思也提出"平均社会劳动力"（average social labor）这一观念，什么是平均社会劳动力?先说"社会劳动力"：今日美国社会工人开汽车入厂做工，那么你要恢复他的劳动力，所发工资也要顾及他使用汽车之用费，即不能降格要求他徒步上班。而且工作有带技术性的和不带技术性的区别。如果有些工作需要中学毕业，有的则小学程度就够了，则工资也当顾及初中毕业程度的社会条件。恢复工人的劳动力至此参与了社会条件的考虑。

如此看来资本主义并没有以前传说中的可怕。罗宾生更据此写出：第二次世界大战之后，资本主义给自己创造了一段新生命。前人所说劳工的悲惨命运，此时尽在待开发国家，已开发国家则不论所行为资本主义或社会主义，劳工都丰衣足食。

今逢世纪交替之际，总览全局，20世纪的大规模与大范围的冲突与冲动，至此都有缓和而接受调整的征象，而人本主义（humanism）的精神也在此时抬头。这是一个纵观一切、做一段全盘综合的绝好机会。

我开始即已说及，农业社会里人与人的关系为单元，商业社会里人与人的关系为多元。这种改变，通常以战争及大规模的群众运动完成。

托尔斯泰写《战争与和平》时，他曾考虑到这问题。小说前面的一千三百多页，完全是故事题材，涉及求婚、订婚、赌博、决斗、和平、战争已经如前面说及。最后之一百余页，称为"后记"，有如附带一本小册子，企图解释书中所叙1812年拿破仑进军莫斯科以后又狼狈撤退各事迹的实际意义。作者否定拿破仑及俄方将领是大事中的主宰。他们的失败固然是瞎闯的结果，即使成功也属侥幸，其他各人也只随着局面的展开，好像以本人意志做主行事，其实则受环境及个别性格支配，又实系天命。于是茫茫之中，另有主宰。如果读者要穷究当中意义，则只能看出，天地之间混如一体，内中只有无穷尽的美感。

当然作者的目的在追求发挥故事间的美感，不然他不会花上六年时间去写《战争与和平》而且改稿六次之多。这还不算，他以后还要写一本更是长篇巨制之《安娜·卡列尼娜》（*Anna Karenina*）。

可是自从《战争与和平》出版之后，心理学和社会学都有了增进，人类历史之纵深也随着增长放大。我们今日看来，《战争与和平》前面用小说性格所写的人身关系与后面用论文性格所分析的非人身关系当中之转折，已不必如作者笔下所叙的具有整体性和神秘性。即仅以俄国而论，1812年的事迹之外，尚又有1917年和1941年的敌军大举入侵。

《战争与和平》叙述得清楚：拿破仑进军之前夕，各人将自己好勇、好色和好货的动机投入这大变动之中。但是心理学家告诉我们：各人自己供认的动机不一定是内心实际的动机。"酸葡萄"和"甜柠檬"作用，在所不免。狐狸腿短，吃不着比它高的葡萄，而在保全自己的自尊心，只说葡萄酸。它只能吃着柠檬，又就自己立场夸赞柠檬甜美。俄国与法国开战时，年轻的贵族都要表示各人的英勇，但是无数的母亲，又各替儿子营谋，希望派到总司令库图佐夫麾下为副官。爱伦知道她的丈夫要和她决绝，还对朋友说起，他一心如是地爱她，必定会俯从她的要求，让她离婚。人类企图美化自己的动机，获得社会的赞扬，是为常情。但是心理学家和社会学家又告诉我们，所谓移情作用，品格升华，己欲立以立人，己欲达以达人，又非全系虚构。

孟子所说"王如与百姓同之，于王何有"也是情理之常。所以拿破仑和法国人经过大革命，希望把自己所获得的"平等、自由、博爱"推己及人，造成全欧的新时代局面，并非全部自欺欺人。反面说来，俄国人忠君爱国抵御强权，也不可能尽是矫饰。大概真伪之间两者都有。即是我自己从军的经验，观察到上官和同事，甚至扪心自问，各人的动机，大都在为私为公两者之间。《战争与和平》中之安德烈公爵说："要是每个人都依照自己的信仰而战，世界上不会有战争。"这句话也可以反过来说："要是全世界的人，完全不根据自己的信仰行事，也不会有战争。"

托尔斯泰将个人业已升高的动机又再升一层。那样看来，个人的行动好像自己做主。但是每人的环境不同又系命运的安排。而对付不同的环境所采用的决策也各按一定的规律，那么穷宇宙之间，不是只有一种主意？

他这样的希望将宇宙事物，获得一个最终的答案，只有将长江大河之水，汇诸一个海洋。有如佛教徒论因果关系，最后只有一个总因和一个总果，而进入华严宗所说"一即一切，一切即一"的境界。

这种解释已涉入神学或哲学的领域。天文学家告诉我们：现今宇宙之产生，由于两百亿年前一个"大爆炸"（Big Bang）物质膨胀而起，又若干亿年后太阳上的能源用尽，人类文化也势必与之俱戚。果如是则物质膨胀与能源用尽仍有预先构成之规律，可见得宇宙之前尚另有一个始点。这样的追究永无止境，不属于我目下所说"大历史"的范围。

我所谓历史，属于人类及其生活之领域能为逻辑所操纵，亦即当中有各种关系之存在。以这眼光看来：1812年的事迹由于东欧与西欧的当事人各色各样的希望与欲求，投入战争的一座大熔炉里，诚有如托尔斯泰所云，即当日的领导人亦不能深切了解其实际意义。只有今日局势逐渐澄清，即可以看出：世界科技的进步已使东方与西方打成一片，做到区宇一家的境界。帝俄的体制需要重新再造。但是这是亘世纪的工程。波罗丁诺一役与火焚莫斯科，还不过是其序幕之初步，此外还要几经反复，不仅拿破仑要被放逐，20世纪内的希特勒尚要在柏林总理府的地下室自杀，而俄国本身的变化，更是复杂曲折而壮烈。托尔斯泰本人还只想到十二月革命或反叛（The Decembrists）算是莫斯科被焚之尾声。（他着手写《战争与和平》之前，原想以十二月政变为题材，只因准备资料，搜索到1812年的战役，才改变方针。）实际上则俄国经过两次世界大战、两次革命（二月革命和十月革命和继续着的内战），又还要度过东西之冷战，有了列宁与斯大林不算，还要有戈尔巴乔夫与叶利钦，才进入今日之处境。

我所谓大历史则是穷究各种事迹。粗率看来它们好像矛盾而互相冲突，其实则当中纵有局部之反复，而终归成直线或至少成梯次的前进。这样一来，讲学历史的人，应当存有各项信心：第一，世界上各种大事之转变，以战争或革命做主，内中不乏多数人众意志力之后果，后面包含着实际而又带浪漫性的动机，不能仅以意识形态概括之或否定之。第二，人本主义的精神，通常不能在这种剧烈行动之中发生效用。但是"知其不可而为之"，也往往有之，而且事定之后，也可能在修正时发生功效，所以综合以上——第三，我们对历史长期的发展应当检讨当中的合理性。第四，虽说是历史上长期的合理性，这种认识仍依历史的纵深增长和时代的变化而改变。

因为如此，今日我们读至《战争与和平》，依然欣赏作者所赋予这部小说之美感。因为时代环境纵不同，人的性格，仍是没有改变，书中主角如比尔如安德烈仍有吸引人的魅力。但是一百多年后，这故事之历史意义已失去其神秘性与整体性。

我所以不怕各位不耐烦，把人类各种关系翻来覆去地议论一遍，则是我们今日有一个绝妙的机会，发扬各人抒情叙事的才能。我已经在各处写出：中国在20世纪的革命不是片面改造，而是将整个国家社会全部推翻，一切重来。本来专制皇权以昊天诰命为基础，真理总是由上而下，这种体制已于1912年被清算。下面农村社会里以小自耕农为付税的基础，以"尊卑、男女、长幼"的社会秩序作凝聚的力量。这一切早已不合时代，即纵有残余的力量，也在五四运动被推翻。再有上下之联系，原来只有刑法中之"五服十恶"，再有则是科举考试之程序。熟读诗书之文士，进而为庙堂里的执政，退则为乡宦士绅，各有名额，分配于府州县。这套也于1905年停科举而整个截断。民国成立之后，中央政府不仅无从向各地区抽取土地税，并且无法获知基层情形。如土地分割过细，农民负债很多，详情尚待中共执行土地改革时方始暴露。

简概言之，旧体制无一项有实质的因素可以改造利用，只有整个重新造起。在这种条件下，蒋介石及当日国民党所创造限于新国家之高层机构，包括统一之军令及全国施行之法币，由对日抗战而完成。中共及毛泽东之作为，在翻转农村之基层，剔除当中百年旧习，借着内战及对外隔绝的条件完成。台湾方面也因着战时状态，实行三七五减租，收到类似的功效，而今两岸尽力通商，一方面志在提高人民生活，一方面也重创新法制，作为上下之联系。

黑格尔说，广大的群众运动，虽领导人亦无法获知其行动的实际意义。《战争与和平》的作者对此说全然赞同。托尔斯泰并且说出：只有观察其他行星的运转，才能了解地动。《日瓦戈医生》的作者更指出无人能做历史的主宰，纵是伟大人物，也不过是历史的

"经纪人"。

我们再看各当事人的证言，情形也确如此，我最近几年有机会仔细阅及蒋介石日记，他不仅对国事无全盘计划，连北伐的成功也是"将错就错"，对日抗战更无胜利的把握，只有"孤注一掷"，有时他尚说出，如战败国亡，亦可"保全国家之人格"。

毛泽东阅及土改的报告，才能实切体会问题的复杂与严重，他之被逼得无出路，可以从"后院炼钢"的情形看出。但是也即在"文革"期间全民穿蓝布袄吃大锅饭，政府以低价向农民购买粮食，也以低价配给市民，从此节衣缩食，也终为国家筹得一些资本。即由农村缴收部分，也值六千亿元。

这当然不是他个人策划。所以他写信给江青，也自叙为"山中无老虎，猴子称霸王"。邓小平、胡耀邦与赵紫阳于1978年发动经济改革，也无通盘的打算，只说"摸石子过河"。

观察其他星球的运转，才领悟到地动。中国的全面改造，史无前例。我们只能在研读其他先进国家改造之程序，才能在比较之间，领悟到综合诸般行动的积极意义。

所以这百余年来的经历，固然或正或反，经过志士仁人的牺牲奋斗，也包含着无数匹夫匹妇的一点一滴的经营，最后才集江淮河泗之水成为汪洋。

这是一段五百年甚至一千年来未有之奇遇，中国的改造牵动了每一个家庭。像北欧传统所谓传奇（saga），何止千万起?况且当中各家各户成员，有的留居故土，有的被放逐于海外，也必比比皆是。在座诸位是否有人敢冒大险，将一种类似剖面的场合替我们勾画出来? 花上五年十年的功夫，作这样的文学巨著?是否能脱离传统道德的窠臼，也不受流行的意识形态束缚？（因为此番变动，即旨在修正改造这些因素）以今日文化界拥抱着计算机与电子通讯的热忱，是否十年之后，深入下一世纪，仍有众多的读者欣赏如此的长篇巨著?也有出版家，在每月每周经营计算之余，愿意承担发行之风险?

假使愿意接受这样的挑战，用何种作品为蓝本?即是《战争与和平》?还是《水浒传》和《三国演义》?或者另开门径，彻底创造?

或者用更经济的手法，虽然没有创造出来一个托尔斯泰，却诞生了三个五个莎士比亚和莫泊桑?

各位也可以说，我们用不着如此呆板。我们既已有了鲁迅、沈从文、茅盾和巴金诸人作品，已经感受到一个大风暴即将来临的征兆。当中一段又有像你这样的人率直地说出，我们或否或臧，同意不同意也就算了。还不如将之置放，直接进入现今这一段，专论跨国公司与Jet lag等切身问题之较为实际。

各位当中也可能有人说，文艺作品各随所好。你既说不顾任何标准、不落入任何窠臼，那我爱好《废都》，那你又有何凭借指斥赤裸裸的谈性爱业已过时?即是我因为留恋30年代而不能放弃张爱玲也是我自己的事。总之，文学只能随意创造，不能预制蓝图统筹经营。你说的改造关系，我看来只是一场梦寐。因此我才欣赏《霸王别姬》的剧本，又有何不可?

预期我对这一类问题无法一一执答，只能由读者的选择决定。我的讨论至此结束。只有一点我一定要坚持己见：则是今日之各种关系确已经过一段改造。因为自由选择，各随己意，即不是旧时农业社会里所常用的词汇。

1998年2月5日~14日《中国时报》人间副刊

何 键

中国各省行政长官称省长，只有自北伐开始至国共内战结束之前一段称省政府主席。我是湖南人，我小时候自1929至1937当中约九年，我们的省主席是何键。

他在保定军校毕业，原为唐生智的师长，后升军长，自担任省主席之后，名义上已将军长职务卸交于不著声名的刘建绪，但是实际上湘省所辖的四个师仍由他调度。内中一个师长李觉是他的女婿，各师的经费也由省政府担负。

军费的一部分来自矿产，湖南的锑我们称为白铅。所产之钨，我们称为黑铅。长沙有一座白铅炼厂和一座黑铅炼厂，此外省政府还有一部分经费得自鸦片公卖。省政府下辖有一个"禁烟缉卫队"，所谓"缉"即是严切的查禁私贩，只有"卫"才是保障官卖。传统的土地税过于短少，只能供内地官僚机构本身的开销，正税之外，又附有很多的"捐"，如学捐、团练捐、公路捐等等。我们只能猜想，每一项名目，都有它指定的用途，看来承袭于明清体制。

湖南有七十六个县，省政府只有民政、财政、建设和教育四个厅，当中无调节的组织，所以驻军的防区必在重要关头干涉民政，从官衙组织和行文的程序看来（长沙各日报的"本省新闻"经常刊载官

黄仁宇全集·关系千万重

衙文书的全文），整个行政体系的效能必低。加以民间的新型事业如银行业务和律师业务刚才发轫，而且新型法律也在内地行不通，政府的功能，只能重管教，这也就是说：一方面严刑峻法，有时不恤以恐怖的手段加诸犯者；一方面却不广泛地扰民。费正清教授说，中国的政府只是"肤浅"（superficial）。何键治下的湖南符合这种观察。

虽说全省公费的开销没有严格的标准审核，我们仍不能说当日的官僚即已广泛的贪污横行。比如说，长沙附近一个县的县长，收入自收自付，本身俸给所得也不过每年两千余元，可能为一个省会里的中等家庭之二三倍，总算还是有节制。

何键之成为湖南省主席，出于一连串的事故。

1926年湖南省长为赵恒惕，他手下一个师长唐生智驻在湘南拥有水口山锌矿，因之他一师的装备编制较其他各师为优，赵恒惕正想收回省权，但是尚无能为力。而且他本身又在名义上受坐镇武汉的吴佩孚节制，实际上也是貌合神离。

据李宗仁的《回忆录》，吴佩孚也志在囊括湘省，所以他一面暗中鼓励唐生智的叛变，一面又公开协助赵恒惕，这也是当日军阀混战时的一般伎俩。

唐生智情急，乃向南方的强人求援，这时候在广西有李宗仁，他刚以武力统一全省，正跃跃欲试。

在广东则有蒋介石，他的黄埔建军可谓已初步进入成熟的阶段。他的两次东征和一次西征既已将广州外围的敌对势力肃清，他又借廖仲恺之被刺而流放胡汉民，又与汪精卫合作而流放许崇智，更再借"中山舰事件"而流放汪精卫，至此已开始集党政军大权于一身。唐生智的乞援不仅促使李宗仁更靠拢于广州之"党中央"，也更加深了蒋北伐的决心。

当初北伐的目的在席卷湖南，进入武汉。蒋本身的部队编为国民革命军第一军，其他在广东的部队为第二至第六军，李宗仁所部为第七军，唐生智为第八军，由广州筹款五百万元，足供两个月之用，显然无长久打算。

不料武昌攻城战尚在不下之际，盘踞长江下游之孙传芳倾巢来犯，使北伐军正面侧面同时受敌。又更不料苦战之后获得武汉，而孙传芳在江西之主力或被击破，或全部成擒。翌年初蒋之进据江浙，大部工作只在策降。蒋介石自己记这段发展也简概地说，无非"将错就错"。

但是他之定都南京，以江浙为根据地，产生两种必然后果：一则使国共冲突无法避免，艾萨克（Harold Isaacs）说，自此蒋有江浙财团的支持，无须苏俄援助，才放胆"清党"。而其实蒋此时兼国民党之"军人部长"，有任命将官之主权。北伐之迅速成功，一方面出于苦战；另一方面则出于他广泛地收买对方将领。一般价格：对方的一个师长反正之后立即任命为国民革命军之军长，其来者不拒的态度与中共及国民党左派企图彻底改造中国的着眼大相径庭。而后者已指斥蒋之行止，有军阀作风。况且毛泽东所领导的群众运动也早已引起蒋下属军人反对，何键在内，下文尚要提及。另一发展则是蒋之军事胜利过速，日后除他近身的根据地能切实操纵之外，其他后方地区如广东及湖南又落入不能由他实际管辖之军人之中。湖南之有何键，亦如广东之有陈济棠，主要原因为军队就地筹饷。本省军人有如五代各藩镇之"留后"，有近水楼台先得月的便利。

北伐尚未全功告成，唐生智已开始反叛，他的行动被迅速解决，但是他的部下不能全部铲除。1929年北伐已经成功，李宗仁又开始反蒋，唐生智的策略以湖南、湖北和安徽三省连成一气做根据地向外发展，李宗仁和所部"桂系"则准备先造成沟通湖北、湖南和广西的地盘。

1929年湖南省主席为鲁涤平，江西人。李已与何键疏通，乃以武汉政治分会的名义撤鲁涤平职而以何键更代（中央政治会议是当日国民党中枢与国民政府要员的联席会议)。当蒋介石兴兵讨伐"桂逆"时,何键归顺南京中央,从此广西军人被逐,退还本省,鲁涤平改调浙江省主席,使他能安插部下文武人员。何键则经蒋承认长期任湖南省主席,直到对日战争爆发。

在各省主席中,何键以"反共"著称,北伐前后中共组织民运时,湖南首当其冲,农民协会和工会组织都如火如荼地展开,拘捕"土豪""劣绅",由群众判罪成为广泛的现象,何键的父亲曾被长沙工人押解游街。何键当日在唐生智军中前方,但是他部下一个团长许克祥立即执行报复,自行封闭工会,枪决共产党员。

当何键任主席时,"赤色恐怖"和"白色恐怖"都已度过最高潮,"剿匪"战争逐渐由湘东转移至江西。但是1930年7月共军彭德怀部入长沙驻留十天。何键报复时拘捕毛泽东妻杨开慧,将她处死。

因为主席的反共立场,湖南提倡传统道德,"孝悌忠信礼义廉耻"的牌匾出现于各处。学校也提倡读"线装书"。中学里以《古文观止》代替新时代的文艺读物。在体育竞赛中,何主席特重"国术",亦即传统的拳术比赛。他曾在长沙教育会坪主持拳术比赛三天。

"风纪"是何键施政的重点之一。他虽不像山东省主席韩复榘般的亲自审案,但是很多刑事案件的判决显然由他做主。有一次长沙一个租赁房屋一半与房东比邻而居的房客在大门内留下一封恐吓信,下款匿名,索要财物,指定市中荒僻之处交款,但是又并未谋及对房东本人或家属人身上做何侵害。房东初不料信出自房客,尚且将信出示与他询商对策,房客贡献意见,可与他讨价还价,至此房东心疑,虽照指示投信,但暗中报警。届时房客至指定地点捡取回信被捕,房东呈请省政府严惩。此案亦未开庭评证指辩,即将恐吓诈欺犯立罪枪决,"罪状"所示,犯人曾受教育,又并未为饥寒所迫,做此伤情害理之事,罪无可逭。

另有一"蛮恋案",犯人为政府机关传达(信差),他坚称同

何 键

公事房某小姐在共军迫城时央他保护，事平以婚事相酬，此女士否认有此婚约，并报警请杜绝骚扰，无奈男方一再催逼，而且不顾官方警告，当中情节详载各日报之"社会新闻"。忽一日读报人惊悉此蛮汉屡诫不止，已经审枪决。同一罪状揭示另一罪犯惯以药物掺拌酒中，因此奸宿妇女，有受害人控诉，与蛮恋案罪人一并处死，官方态度：两案性质相同，其对被害人损伤程度不计，重点在犯人举止失常（perverted），所幸此类案情为数稀少，社会人士亦并未认为如此断然处决为侵犯人权。

湖南经过20年代的风暴之后，在1930年间已恢复小康局面，粤汉铁路因动用中英庚款向衡阳以南伸展中，卒于抗战前夕全部通车。同时湘桂、湘黔两路亦在加工修筑。省方本身兴建，半由"剿匪"军事需要，各处广泛地筑碎石公路，并架设电话线。这种表面平静的局势已为外人称道。《生活》可谓当日最有影响杂志之一（编辑邹韬奋，发行于上海），曾派旅行记者杜重远往来各省，所见概有批评，独于写湖南一段赞不离口，标题为《锦绣河山》；并称主席何键，"好整以暇"。

我们当日大都没有看清本身立场上的危机，长沙的新型工业除了在20年代和以前兴建的发电厂，在岳麓山的第一纱厂和上述特种金属炼厂之外，在30年代无丝毫的增进。主要原因可能如费孝通在半个世纪之前写出：中国通商口岸与内地的经济并没有实切的挂钩，对外输出如桐油、猪鬃、鸡卵、茶叶都由农村内每家每户零星地购来，输入则大抵都为消耗品，用于大城市，连火油在内，其症结在农村缺乏购买力，剩余的劳动力亦无法输出，所以工业发展的范围狭窄。长沙火车站附近成日有杂牌正牌部队张扬三角小旗"招募新兵"，即表示失业问题的严重，剩余的人口只有当兵为匪。所以不论军阀各个人如何表彰自己已有德行操守，对方则反是，内战之连亘不断，有内在的和"非人身上"的原因。

换言之，中国的前景需要整个重造，可是问题的严重性，尚不易一眼看出，还要待八年抗战又约四年的内战之后，所有旧社会的弱点才全部暴露。1930年间湖南省主席的作为，可以代表旧社会的回光返照。其能如此，由于内地省份，交通较方便的一线地带，新旧力量尚能保持短时间和局部的平衡。

何键言辞圆缓，经常态度温和，他原有汽车两辆，平日驶行长沙街中时有卫兵带自来德手枪（俗称驳壳枪）站在踏脚板上指令行人回避。自1930年共军入城焚毁他的汽车后，他亦未再添购。我曾见他坐藤制椅轿来往于南门正街，他在轿中阅书。有人批评他"非醴勿视，非醴勿言，非醴勿听"。因为他是醴陵人，他有一个智囊团，引用的都是小同乡。

1931年他在省政府成立了一个航空署，聘请飞行员，购买飞机。但是所购冠迪司·莱特战斗机十架进口时，被蒋介石的南京政府截留六架，谓湖南有飞机四架足够省防之用。当江西"剿匪"已入尾声之际，蒋命令何键交出全部军权。我有一个中学同学名吴宗鉴的告诉我，何手下的人都主张如命交出，只有他父亲主张拒命抵抗，我相信他说的是真，因为他也是醴陵人，而且只因为他年轻稚气，才将此等父兄机密之事随便说出。自1935年后何键只专任省主席，湖南的四个师并航空署并入国军。又两年抗战开始，何键改调为抚恤委员会委员长，湖南省政府由张治中接收。

何键自此失去制造新闻的能力。但是他离任之前仍做了两桩事，值得在此一提。一是他指令枪决一个年轻女人。她父亲在时曾与居留长沙之日人合伙经商，以后父亲去世，她就沦为日人之妾。日方撤侨又不携她而去，因此被押经判枪决。罪决所列通同敌方罪小，而贬辱中华女性地位事大。另外一事则是他发电致毛泽东，当然亦不提杨开慧之事，只说今后并肩与日寇作战休戚与共，义无反顾。

1998 年 4 月 9 日《中国时报》人间副刊

李约瑟给我的影响

李约瑟博士于3月24日黄昏逝世于剑桥，享年九十四岁。《纽约时报》3月27日所登载的讣文说他自认为马克思主义者，这是一个严重的错误。他生前不只一次对我说过："我的宗教观念不容许我尊奉马克思主义。"但是他确曾自认为"左派"。有一次他在剑桥演讲，他说及听众可以视他为"毛派基督徒"，或为"道家社会主义者"，各随尊便。这也就是说除了硬性教条主义之外，他甚可以翱翔出入于诸子百家各种政治思想理论之间，表示他是一个彻彻底底的自由主义者。

我作此文时面前堆放着李公与我来往函件，内有他近三十年致我的缄柬约四十件。长信超过三五千字，短柬只数行，他对我的影响无法言喻。假使不是他或者我未曾与他接触的话，我的半生行止很可能与现状有甚大的差别。

初识与交谊

我第一次与他接触是在1967年的夏天。我刚完成哥大一年的工作，准备秋间赴纽约州立大学纽普兹分校副教授的新职，我的孩子培乐英文名杰佛逊（Jefferson）也在当年7月诞生。有一天我突然收到一封长信，签名人自称他是《中国科学技术史》（即《中国科学与文明》）的作者，他又很谦逊地问我："不知道你听说过我们数年来出版的系列书刊否？"他从富路德教授（L.Carrington Goodrich）处得悉我的姓名住址（事前富公未曾向我提及）和所做的研究工作。写信的目的，则是探询数年之后我是否可能前往剑桥做合作者（collaborator）的工作。所属是《科技史》的卷七，针对中国社会经济背景与科技的影响。他更向我解释：他自己的研究证实中国在14个世纪之前就很有成效地将自然的知识施用于人类，满足人类的需要，胜过于欧洲。为何现代科学出现于欧洲，而不创始于中国？是否社会经济的条件，有特殊促进科技和迟滞科技的影响？

信中又说及：他需要的帮助不在一朝一夕，大概总在70年代，因为他刻下还在作《科技史》的卷四之第三部分。但是根据经验要及早绸缪。

我尚未阅及全文就向格尔呼唤着："嘿，有人请我们到欧洲去！英国剑桥！"

我回信给他的时候即比较沉着。我知道他是左派；这对我无所忌畏，因为我年轻时从军之前也和不少左派人士交往。倒因为我自己在国军服务逾十年，不知对方如何看法，与其日后生出波折，不如开门见山立即提出。我在信中尚说及我曾毕业于美国陆军参谋大学，在旁人看来也可以算是"右派"。我又提到我的长处是能在短时间浏览大块文章，勾画其重点，但是生性鲁莽，不计细节，"极度精微之琢磨非我特长"。至于听说过《科技史》与否，则是毋庸提出的问题，我在教书的时候早已宣扬过李约瑟之大名。《科技史》中精义，譬如15、16世纪之交中西科技尚在并驾齐驱的地位，日后欧洲突飞猛进，方使中国相形见绌，又如道家则在尚未产生一个"牛顿型"的宇宙观之前，先来了一个"爱因斯坦型"的宇宙观——如此之警句也已在我的学生之前交代得明白。

我当时除了教书之外，尚在做研究明史的工作。我有总揽明代财政税收及有关明代最后一个户部尚书倪元璐的思想之论文各一篇，已经在学界宣读即将收入专书；此后两三年内，尚望将税收一部分扩展为单行书刊。所以他需要的工作最早也在三年之后，对我的环境更为合适。

我再接到李公回信之后，好像诸事定妥。他说我的习惯个性与观感都符合《科技史》的要求，我一定可以帮助他替卷七打草稿，今后我不断地收到他寄来的书刊文字。现在看来他在这段时间给我以越洋的训练，使我熟悉于他的历史观，我注意着他在写作中同情于中共之作为并非支持共产主义，而是中国的工业化采取集体行动"避免西方工业化所犯的错误"，亦即在初期存积资本时不用贩卖奴隶、虐待童工、构成贫民窟（slum）的方法行之。这一点我至今无法忘却，也已收入我的论文之内。

其实60年代后期及70年代初期，自反对越南战事到尼克松之"开放中国"，早已将西方"左"、"右"的观念重新订正。李约瑟在1950年间尚被视作叛徒，至此则被尊为有先见之明。1972年我用参加李约瑟所著《科技史》之工作请求支援时，各文化基金有求必应。国家科学基金（National Science Foundation）及全美学术团体联谊会（American Council of Learned Societies）将我提出的预算全部批准，使我只能根据章程自动将重复一部分备案删除，自此之后再无此好运也。

所以当尼克松再次竞选，涉及水门事件，奥林匹克竞技在慕尼黑举行，发生巴勒斯坦恐怖分子进入选手村绑架以色列选手时，我已实现李约瑟之五年计划，全家横渡大西洋，卜居于古色古香之剑桥。李公给我的指示则是他的书籍档案之中有无数资料涉及中国历史与科技的关系，我不妨全部翻阅一遍。他的宗旨乃是"不让一块石头不翻转"（leave no stone unturned）。这对我而言当然是绝好的读书机缘。我对他唯一的交代乃是每星期六下午陪他往剑河河畔散步，讨论读书心得。当日没有看出：如此安排日后对我著书大有裨益，远逾于我对《中国科学技术史》的贡献。

喜居领导地位爱排场

然自1966年（我和他开始通讯之前一年）始，李约瑟为凯思书院（Gonville and Caius College）之院长（Master）。剑桥大学的体系，本身可算国立，爱丁堡公爵为名誉校长，校本部也由国家预算开销，可是大学只主持教室演讲、统筹考试、委任教授、颁给学位文凭。其他管理事项概属此间之三十个书院。书院可算私立，各有其基金，其创建远者已数百载，近者乃本世纪产物，各悬挂其院旗院徽，个别之私人教堂更不可少，当然也各有其传统与章程，凡学生入剑大，概由书院申请录取。因此书院具有宿舍餐厅、图书室及运动场所，也维持纪律，主持个人教读。院长每周与院自治会（college council）集会一次，他享有院长官邸（Master's Lodge），不仅厅房俱全，而且有男女佣工、厨师、园丁侍候。

李公对访问者言及，他做院长担当了不少枯燥冗长的工作，也见于《纽约时报》的讣文。我想这只半系由衷之言。院长对外接待宾客，对内主持仪节宴会〔凡研究员（fellows）每学期必被邀一次，一般学生三年之内最少被邀宴一次，教职员也经常饮酒聚餐，由院长以拉丁文作颂词〕。李公喜居领导人地位，爱排场。他做院长期间正是全世界学生造反期间，但是他连续的被选连任，并且在法定年龄外得破例连任两次，必有他掌握着年轻人的魅力，也不能与他左派的声名无关。所以我不能想象此公对做院长全无兴趣，只是院长是一个专任之职位，十年时间确是耗用他不少可以做研究工作的精力。

我自1972年秋天和他见面后不久即称他为Master，这倒是门徒对老师之尊敬，以后也为格尔及杰佛逊沿用，垂二十年。

老实说，我初入凯思书院时觉得非常孤单，也非常畏怯。此间人士外表非常轻松随便，可是处处都有成规，又无人详细指点，故不知成规在什么地方，也不知何处的洗手间我能用，何处不能用。一方面即门房（head porter）也一身哔叽服装，须发修饰，态度文雅，大有权威模样；对面来的一位有博士学位之专家却又开领敞袖，手挽头盔，似乘机车而来，反具劳工色彩，见面时亦不知如何招呼或索性互不理睬。而且他们在大大小小会议全部人员袍服登场，这已经令人眼目昏涪，而这时期最令人害怕的还是李约瑟本人。

李公平日在院长书房工作，在二楼，我只去过一次，内中只有少数现用参考书籍。另有研究员书房二间，分别标明K—1及K—2，每间约十八英尺见方，K—1所容纳为社会科学书籍与一般参考资料，二十四史及李自己所著书也容纳在内。这一年内，K—1成了我的书房，对面K—2所置多自然科学书籍，为他的书伴鲁桂珍博士所用，桂珍这时在帮助他完成《科技史》中的医药部分，有时李公也往K—2和她对着古籍商讨。

当李博士交给我K—1的钥匙的时候，他尚没有言明，后来从桂珍处听到钥匙绝不能遗失。如果遗失学院内的一把钥匙，则整个庭院的门锁都要重换，可能花费数百镑。我的性情不能在斗室内长坐，几十分钟后必往庭院，或用洗手间，或只是闲步侧面观察旅游者。（凯思书院每日总有旅游团体一二十人一群的来观光，一望即知属于不同的国家或地区，本身即是有趣的观察之对象。）也不愿来去每次锁门用钥。每在早上进室之后，即将弹簧锁上弹簧扣住，原来此亦是这种锁钥设计之妙，可以暂时废而不用。不料这也犯规矩，鲁博士告诉我，弹簧锁不能扣上，因为进时扣上，出时忘记放松，锁钥形同虚设，非此间法度。自此之后，我每一进室即把自己锁入K—1，以后再进出三五次，免不得用钥匙三五次。

这还不算，李约瑟也偶尔来K—1查考资料，我知道他手中总是挟有书籍文稿，既听得门上钥匙转动，不免跳离座椅前往帮他开门。只是这样也犯禁忌。原来李公规矩：凡读书必集精聚神，不顾侧右。他自己既有另一钥匙，又何必我来协助？要是一见面即起身问好，家人无恙，国事如何，那又如何能在每一小时充分地利用到六十分钟？以后我从侧面观察：他和桂珍每日开始工作都很晚，不到九时半或十时不开工。一动手之后即再不放松。固然下午的茶点也很重要（我未被邀入，因为不属于他们的时间集团），但也不超过二十分钟，以后即工作至深夜。如果工作八小时，即有如机器开动持续八小时。

律己及治学皆甚严谨

再看李公检阅书籍中参考之处，更可以看到他律己至严。我们在军中操练重机关枪时，教官教我们右脚上前，左脚脚趾向左，右手手掌向外，拇指向下，左手食指打开枪梢，如此经过一段动作之分析，机关枪才能立即上手。李约瑟抽览案上书籍也保持类似的办法，手足耳目概有定处。所以他的效率至高。文中出处一查就着，两三分钟之内各卷册返回原位，他自己快步如飞，又利用书院中院长之特权践踏草地而去，俄顷已将出处用打字机打出。这样才能在做书院院长之余，尚能往各处演讲，并且著书立说。

在这期间李公平均每两年出书一巨册。他何以能如此？"不要问我，"李夫人Dorothy（她在1987年去世）说："我也不知道他何以能如此。"李公则解说："我不看侦探小说。"他以为看侦探小说是荒废时间之表现（至今我有机会，仍看侦探小说）。

其实李约瑟不仅以不看侦探小说而著述丰硕，他记忆力特强，又经过长久的训练。我在剑桥家里的电话号码只告诉他一次，连我自己都记不着，他已不待翻阅记录，信口而出丝毫无误。有一次他决定《中国科学技术史》中一卷之图版，就由他和剑桥大学出版社的印务经理Peter Burbidge两人坐对一堆照片商量，李公当场写说明。两小时后印务经理立即携回去付印，当中再无设计者、责任编辑等人之参与。而最值得提出的乃是如此走捷径亦无差误。

我至今仍无法仿效李公做事之精密集中。看书时可能打翻咖啡，刚一查出书中页次，转身又不知出处，看到文中提及约克，当场兴起，即可能花一小时寻索当年我自己经过约克时的照片去重温旧梦，动辄就忘失眼镜置放的位置。今日如此，当年初见李博士和鲁博士时无待分说，只是感到他们全神贯注，做事用高度效率之压力，甚至担任合作者两星期后，尚后悔当初不该轻率地承当此工作。

李公所收集资料之中所有书籍，有我早闻其名的，也有我不熟悉的，此不足为奇，最有趣的是他的档案箱中未经发表的资料大部分都是私人函件，但是也有彼此对谈时的要点，而且此中有一二件写在餐馆的纸质餐巾上。可见得此公不耻下问，到处留神。大概当日汉学家和非汉学家都已询及，例如考古学家郑德坤主张找出十件重大的发明，一一考订当时社会经济之背景。翻译《汉书》之Homer Dubs则认为李约瑟之问题即已问错。"一个负问题不能产生一个正面的答案"。你既然说中国并未产生现代科技，如何能解释因故未发生？他的想法使我想到我在上小学时，要老师证明他的无鬼论。老师即说："既然无那又如何证明？"但是此档案箱中最生是非的，无过于魏复古（Karl Wittfogel）其人其事。

与魏复古间的是非

李公第一次看到魏著的一篇论文，确曾大加赞赏，他写信给李夫人，要她注意这是"宝贝的"（用中文写出有如precious）。以后他和魏曾见面通话，但是魏一再强调"东方之专制"，逐渐带宣传性质而脱离学术立场，引起李约瑟之反感，最后李写了一篇书评指斥魏著《东方之专制》否定事实。魏见过之后写信与李，央说意见不同，可以当面解释。李公回信称无解释之必要。想此来往文件仍存于档案箱。

我也要趁此申明：首先将亚洲诸国在经济史上混同搅在一起为马克思。他所标榜的名词为"亚细亚生产方式"（Asiatic mode of production），这些国家之组织，始自大河流域，但是马克思只用亚细亚生产方式辩说亚洲国家历史之发展与欧洲不同。他自己对这名词并无深度之发挥，况且他一提到土耳其、波斯（今之伊朗）和印度北部不容许私人拥有土地，即已和中国历来培植小自耕农的情形不同，也经马克思自己承认。

我和李公联名发表的一篇文章为《中国社会之特征——从技术角度辩证》（The Nature of Chinese Society：A Technical Interpretation）（1974年罗马和香港两处发表，将收入《中国科学技术史》之卷七），重点在中国金融经济发展迟缓萎缩。行文之要旨集中于"分配"，而不在"生产"。

至于此文内又提到中国初期的统一（秦汉）与治理黄河有关，完全不受马克思与魏复古影响，而系源于中国历史传统。若非此传统，如何又称《禹贡》和《水经》？齐桓公主持的葵丘之盟在公元前8世纪，秦始皇碣石镌碑，事在公元前3世纪，马、魏都未见及。况且二十四史里的"河川志"篇幅浩瀚，难道都要归功于魏复古或马克思？

魏复古的《东方之专制》是一部既标榜意识形态，又无法掩饰二次世界大战前德国种族成见的一本书。内称东方诸国因用水田灌溉，牵涉广泛，所以产生专制政体，但是日本又例外。俄国虽在欧洲发源，但是则属于东方专制。中国村庄里虽有乡长里长主持之自治，但是分属"叫化子之民主"（Beggars' Democracy）也未登西方民主之堂。书之结论则以斯大林代表东方专制之复活。现已有人谓我等著作因袭于魏复古，看来此等人中外书都未读过，既不知岑仲勉之《黄河变迁史》，亦茫然于何炳棣之批魏文字，只是恣意发表己见，读者不能不察。

我和李公约瑟之关系绝不能进展至日后之融洽，倘使当日我仅被禁闭于K—1，而无星期六之散步的话。李约瑟可能古怪偏僻，做事毫不容情，令人恐畏，也可能活泼天真。周六下午他已将各事处理停当，正是无事一身轻，乃三步一趋，扮演军士，至K—1向我立正敬礼，其诙谐也使我放松读书之紧张，开始闲步。通常我们从凯思后门小巷转出，过剑河之小桥，往东北宽敞之处走去，所讨论的无腹案无纲领，地北天南，无所不说，我们总是并肩而行，由他调整步伐，接近我的步伐。他有时也停下来，欣赏小径旁的花朵，拈着一枝树叶，朗诵它的拉丁文名称，赞赏它的特性。有时也讲解附近的古迹，如罗马所修古道的出处。经常我们步行约一个半钟头。有一次我们发现一棵黑莓树，停留下来，摘了一大把莓椹，后由学院内的厨师制成果酱，由我们两人对分，星期一他给我一小瓶，只不过四盎司。我们的步行则经常折转于剑桥的Senate House或是University Center喝咖啡，又谈论半小时至四十分钟，除了有两三次因特殊事故取消此节目，每周如是，我生平再未有类似经验。

这一年所讨论的最重要的无逾于中国社会之本质。李公尝称明清为封建体制，我觉得中国社会特质无法与西方比较。

"我的家里就蓄有女奴，难道中国在20世纪，还算奴隶社会？"我说。"什么是女奴，你不是说丫头？""对，我家里前后有两个丫头，我母亲认作养女，以后让她们各凭己意出嫁，我母亲引以为荣，但是那时候要是将她们卖出，并不犯法。"（我没有言及的，则《红楼梦》所叙也可算丫鬟社会，至今仍为读者羡慕。）

我也说中国人之所谓贪污，并不是西方所谓corruption，后者是一个原本健全体制中的违法现象。中国在20世纪前半段乃是组织不健全，社会所具备的功能尚不能达到预期的成效。他接受了我的见解，但是认为应当创造一个名词，概括这种现象，这是我日后屡称中国"不能在数目字上管理"之由来。

"你不能说这也不是，那也不是，"李公就驳斥我，"除非你也能将所谓官僚主义（李公实谓 Bureaucratism，但是此时他用中文官僚主义四字）也赋予定义，追溯它在历史上的关系。"我确实照他的指示，曾经尝试写一篇关于官僚主义的文字，可是写来写去，总不如意，主要的原因乃是中国文化上很多现象自成一体系，既庞大、又独特，内在的人士习之以为理所当然。外来的观察者，却又只看到多面体之一面，即根据它与西洋文化之异同作褒贬，若不是盲人摸象的以象耳为象，就是自以为是地责骂袁世凯之没有成为拿破仑，或者埋怨光绪皇帝未曾效法明治天皇。我说中国官僚主义以仪礼代替行政，读者仍觉得茫然。所以赋予定义不算，还要注重官僚主义之内涵，以后《万历十五年》就根据此方案写成。这书的底稿取自我教明史的讲义，后经 1975 年哥根汉基金的资助，改变重点及著述立场，书成时其内容有如传统社会容貌之一概述。此书是否有学术价值由中外同事用作教科书及参考书者品评之；其成为一个官僚主义之剖面则间接得益于李公。

以归纳法为研究基础

本来李约瑟治学，以归纳重于分析。他从中国亲眼看到很多使用科技之文物，以他的好奇心与科学眼光，觉得处处都有真理在，于是到处留心，随时记录，集腋成裘，又根据古籍的说明及图解再度结合，才奠定了《中国科学技术史》的基础。举一个例：K—1 的一堆书籍之上，有一架玩具风车，乃农户将舂出之米以手摇风力，分解糠壳及白米之工具的模型，长不逾三英寸。我自己在内地看到此类风车又何止百数十具，但是未曾考究当中科学原理，然则仔细想来：米重糠轻固为常理，但是谷米由风车顶层从上向下坠之速度，又必配合到风力吹去之速度，不疾不徐，才能使糠壳飞扬于左，白米下坠于车下之承接器。再推究之：则由手摇动之轴心辐射装置成之吹风板，也与风速有关。凡板叶之大小及叶数之多寡，皆足以影响风力。车顶装米之漏斗漏隙之大小又决定米之下坠率。这样看来处处都有机械原理，也处处都有数学，更是处处都赖协调。

为什么中国人只能从实用的场合上着手，不从原理的基础上着眼？显然的他们已经体会到计算的重要，为什么不倒转回去，从数学而物理而机械学造成系统？李博士问及社会与经济对科技的刺激作用和迟滞作用，也已寓意于归纳。因为他不仅因风车而想及此问题，必因见及古籍内关于火药成分的记载而想及化学，见及虹桥而想到力学，见及针灸而想到神经学以及解剖等等，而他所说"尚未产生一个牛顿型的宇宙观之前先来了一个爱因斯坦型的宇宙观"也已是归纳之后的结论，而非分析之前的假说。

恰巧我自己所著《十六世纪中国明代之财政与税收》也已脱稿，正准备在剑桥大学出版社筹备出版（不由李博士介绍，与《中国科学技术史》全然无关）。内中也是归纳重于分析，我们在剑河沿岸对谈的时候，先已具有合作的基础。我当初深以彼此见解不同为虑，但是李约瑟一直对我说："相差不远（close enough）。"

可是大海捞针，如何能找到现代科技产生于西欧而不产生于中国的原因？郑德坤博士的建议虽较实用，可是我们也无法把十个大发明家的详传整个读过，分析及他们每日黄昏午后的思潮，比较他们生活等级、家庭经济状况的因素与动机。难道真的阿基米德（Archimedes）因洗澡而发现水浮力？牛顿因苹果掉在头上而体会到地心吸力？即纵如是，则一切出诸天命与聪明人物之偶尔意动，又何待于吾人孜孜以求地写科技史？我和李公见面后约两个月，每周走谈也进行了七八次，我就建议收束他档案箱内之线索，先对传统中国之社会经济形貌作一次综合之检讨。先从二十四史起始，而以二十四史中之"食货志"为线索。二十四史里具"食货志"的共十二史。内中"食"为食物，推广之则为农业；"货"为货币，推广之则为商业。农业与商业，亦寓有生产与分配之意。而且每一史也不仅记一朝代之事。如《隋书》之"食货志"，即自魏晋南北朝以来的分裂局面有一段概述而结束于隋之统一。如果将二十四史中的食货融会贯通，一定会对中国社会之特色得到最基本的了解。此后我的研究工作即以此为方针。

对中西社会问题的看法

经过长期将这些资料仔细阅读之后，即发现中国传统国家与社会的组织（当时国家与社会并无界限的区划）始终不脱离一个间架性的设计（schematic design）。亦即如《周礼》所谓"惟王建国，辨方正位，体国经野，设官分职，以为民极"。先造成一个完善的理想的几何图案或数学公式，向真人实地上笼罩过去，尽量使原始的与自然的参差不齐，勉强地符合此理想之完美。如实际上不能贯彻，则通融将就，纵容在下端打折扣，总不放弃原有理想上之方案。自原始的井田制度至中期的"租、庸、调"，以至明朝的"里甲、均徭、驿传、民壮"均未脱离此特色。

我们不能说这种设计是好是坏。在欧洲工业革命之前，这样的设计较之任何帝国之体系并无逊色。韦伯即曾称赞《周礼》之合理性（rational），只是这样的组织仅具外界之美感。它的对称与均衡切合于官僚主义以仪礼代行政，实质上政府对下端的控制虚浮，结构脆弱，而且极易产生流弊。

从明清社会我们更可以看出：表面上皇权无限，政府实际控制的力量，并非出自经济与军事，而系"尊卑、男女、长幼"的社会价值。这因素诚然保持各地区之均一雷同，而且支持威权政治，却无从引导社会进化，尤其缺乏与外界竞争之能力。

研究中国之弱点，大致如是。李公又在散步时和我一再提及，西欧的文艺复兴、宗教改革、资本主义形成和引用新时代之科技是一成套（package）的发展，一来则都有。这种见解，再配以他前述15、16世纪之交中西科技尚在并驾齐驱，以后则只有西方突破，中国瞠然落后的观察，已经指示到西方强处的概略方位，对我而言这也不是一个全然陌生的题材。我在密歇根修读博士学位的时候，即以英国之斯图亚特王朝（Stuarts）和宗教改革作辅修科目，在南伊利诺大学任教的时候，也还担任过西方文明近代史的一段教程。所以对于从西方相反的一面综合他们之所长以衡量中国之短，并不致全然暗中摸索。我在1972至1973年的一年居留剑桥的时候，已经不时出外旅行观摩名胜古迹。1974年还用了一个月的时间，往欧洲大陆巡游一次。只是这样一来，我所研究的历史，包括东西两大壁垒的观察，已经不是分割当中一个小题目作分析，而是综合划时代的改变作一个大规模的比较，这样一来，无形之中已进入我日后称为"大历史"的道途上了。是好是坏，至难概述，只是这样与李公想极度精确地决定科技如何受社会环境的刺激而展开，如何因条件不够而迟滞，必然产生了相当的距离。另一方面，欧美的社会科学研究有如自然科学，一般只重分析，不顾综合。况且我以熟悉明史的地位，步出专长，声称要涉猎英国土地史和欧洲经济思想史，即至难获得各界同情。1975年之前我向各处申请奖学金有如探囊取物，以后愈来愈困难。1978年后即未再获得分文，并且要面临被裁失业之危机了。

我和李公的观点也无法完全吻合。大凡两个带独立精神的学者要见解完全相同，是一个极难将就的事情；即使见解上一致，言辞上亦难免有出入。像前宾夕法尼亚大学卜德（Derk Bodde）教授曾研究中国语言文哲与科学发展之影响，也曾在剑桥卜居三年，虽以他和李约瑟之互相契重，两人之著述仍不能融合，最后卜公所著书《中国思想、社会及科学》（*Chinese Thought, Society and Science*）只得抽出于剑桥体系之外，在夏威夷大学出版社成书。

我和李公意见不同重点在于对"经济"一词之解释，也牵涉到精神与物质之区别。原来《中国科学技术史》之设计，以卷七之第四十七节论文哲语言与科学的关系，第四十八节自社会经济之角度检讨。可是纵然如此，这些名目仍是大学内学院分工所产生，在日用的及实际之情形下其界限甚可能消散（此亦是《万历十五年》以海瑞、戚继光和李贽为题，不称"地方行政"、"军事组织"和"哲学思想"之一原因）。即如今日你我往超级市场购买牙膏一管，固然属于经济行为，也是物质生活。可是看到广告上之姣好女郎或者听到悦耳之牌名而左右取舍，则又不能斩钉截铁地说，此系物质彼为精神了，这也就是说我们不能既称经济则完全不受感情和精神上之支配。我和李公之争执，不是无理由，而是无言辞上之检点。我既与他熟悉，在争辩时不免忘记"执弟子礼"应有的尊敬，当时并未受到李公指摘，为他不平的则为鲁桂珍博士。

我和鲁在K—1及K—2朝夕相见，只有一甬道之隔，平日我呼她Gwei-djen她称我Ray，这次她认为我态度骄倨时并未口头指责，只是不呼我名而称我姓。从此三言两语之中，夹杂着一个Huang，好像是一种降格的处罚，一方面又不加解释，亦不变更声调，即格尔在旁亦如此。如是持续约一个月才恢复我固有的名称，算是期满开释。

李约瑟的婚姻生活

可是我无法迁怒于桂珍，我想任何人都难能迁怒于她。我在剑桥见到她时，她年近七十，可是看来只五十岁左右。她身体娇小，个性刚强，K—2有她年轻时照片一张，光彩夺目，当日必为令人徘徊眷恋的名姝。她于卢沟桥事变前数月（李公说1936年，她说1937年）在剑桥与李公邂逅。他那时候已和Dorothy Moyle结婚十二年。可是从此鲁桂珍即终身未嫁，为李公书伴。我不能肯定地说没有她不会有《中国科学技术史》，另一方面说他们在学术上的合作，是他们爱情升华的表现并不为过。

原来第一位李夫人Dorothy也获有博士学位，他们在做研究生时结识，都主修生物化学。他的专长为胚胎学，她的专长为筋肉收缩，彼此都为皇家学院（Royal Society）院士。我初去剑桥时，她已七十六岁，仍在凯思书院宴会时招待来宾，也还在著书。李公称他自己所著书，只有李夫人一字一句全部读过，不幸她最后患老年痴呆症（Alzheimers disease），1987年我和格尔再去剑桥时她已不能认识李公。有一晚桂珍邀我们在她的套房内喝咖啡，半小时后李公亦来。此时李夫人Dorothy已雇有特别护士照顾。我们谈完已近深夜，李公仍坚持开车送我们，送后他再返李夫人处陪伴她一小时，看来每日如此，此情真令人感动。

另一方面他不能与桂珍早成眷属，也不能算无遗憾。1977年李公与桂珍来美，我和格尔邀他们来我家小住一夜，李公见着杰佛逊，时年十岁，他悄悄和桂珍说起："要是有这样的一个孩子，不知是何滋味？"而她立即向我们说，并说约瑟态度实为带感伤性。第二天早上我们闲谈学界人物，也涉及离婚再婚情事。李公又说："每一个人都在转换（伙伴）［everybody switches］。"桂珍立即申斥他说什么每个人都转换，他们就没有。这样看来，她和他数十年相处，崇拜敬慕之如家长，管制之如幼弟，能经常和他接近，又使他的徘徊眷慕始终无邪。他们间之心头怅惘，到时即说，说后意消，这也是她使李公一生事业从一个专长"转换"到另一专长，而夫妇仍能全始终之所在，而李夫人之宽达亦堪钦佩。

李公传记资料已见诸中外刊物数十种，即《纽约客》及《斯密宗宁》（Smithsonian）亦有记载。自Dorothy不能旅行之后，鲁桂珍又为李约瑟之旅伴（以前他们三人偕游），已有人暗中猜测，他日有人为李公作传势必提及，我无意播送闲议，只以耳闻目见，他两人又不忌讳，方濡笔据实书之。

又直到1989年Dorothy去世近两年后他们方成婚，去他们初次相逢已超过半个世纪。而《中国科学技术史》之成书，堆叠起来，也已超过数尺而近丈矣。1990年国际中国科技学会集会于剑桥之李敦研究所，我们被邀参加，这时我无论文可诵读，也无听讲之动机，只是随着兴致前往，此为生平第六次，甚至可能是最后一次去剑桥。

至此我庆贺他们的婚姻，"桂珍，我们真为你高兴。"我说着，每字都是由衷之言。

"谢谢你们，"她说："很多人和你们有同感，他们都很高兴（They are also pleased），你们等会儿到我们那边饮茶好吗？"

我看着她要招待很多人，又要准备中国科学院赠她名誉教授衔的学位，就辞谢了。李公此时视觉、听觉都已衰退，靠轮椅行动，而他要接见的人士尚多，我们只乘空向他问好，拍照留念，心照不宣的，此可能为最后之一面。午后我们再入凯思书院，只看到K—1和K—2都重扉深锁，院中蔷薇花则盛开，K—2之壁炉案架上仍陈列着李公父亲的照片，着军装，是英国红十字会的制服，旁有楷书"人去留影"四字嵌在镜框内，使我想到当年初来剑桥的情景。李约瑟与鲁桂珍之高度纪律，读书写作处处认真，寸阴不舍使人畏惧的习惯得自此着军装之李公。所以我说李约瑟一方面固然代表左派与自由主义，一方面仍继承着英国维多利亚时代的纪律。

桂珍婚后约两年，即于1991年因气喘病逝世，我觉得李公老境萧条，常为之戚然。我的关怀尚且包含着一种负疚的成分，让他写了这许多信给我，又让他寄予我这样深厚的希望，我对《中国科学技术史》的贡献只限于我和他合作的一篇论文，收入卷七。这是当初没有想象得到的。

困顿时期的境遇

首先问题出自财务，李公自1976年卸任凯思书院院长一职后，他说完全失去了教学机构的庶务支持。他无打字员，没有人替他付电话费，更用不着说合作者的薪给旅费津贴（一向合作者个别由母校或各文化基金资助）。在这方面他也是一个书呆子，平日没有考虑到这种问题，一到窘境临头，才知道事态严重。这时候大家希望他自己来美呼吁各界解囊，替他的《科技史》招募一部分基金。又没有想到四分之一个世纪之前，他参加过一个国际组织公布美军在韩战期间有使用细菌战的情形，因此他的名字被列入黑名单，各处美国领事馆不发签证，李公到了加拿大仍然无法入境。后经参议员James William Fulbright的干预，才取消拒客令。可是刚组织就绪，出面为他主持募款的Arthur Wright又突然在打高尔夫球时心脏病发而逝世。以后李公募款消息传出，美国、香港、日本的财界巨子慷慨解囊，英国贵族捐地，而有今日李敦研究所的规模，此是后话。而70年代后期，他确经过一段囊空如洗的困难岁月。

而他的情形好转我又大祸临头，1979年纽约州立大学削减预算，我多年来往各地作研究工作，少问校间政治，又自以为有十数年的常任在职经历，总不会饭碗有虞。而突然消息传来，整个纽普兹分校的亚洲系全部裁撤。我实为革职，名目上又系提前退休（刚满六十二岁可以领得社会安全金）。当时不知如何是好。含羞忍辱地另觅工作？还是堂而皇之提出诉讼？几经考虑之后，还是决定接受强迫退休，但是不排除以后提出诉讼，其原因是我著书《财政与税收》各方书评良好，《万历十五年》又已有中英文稿在。我多年仰慕英国历史学家古赤（G.P.Gooch），他即以德文名号Privat Gelehrt

（私人学者）自命，我既已被逼如此，不趁着下水更待何时，决心既下即再有人相邀授职亦辞不就。可是此办法却使格尔和杰佛逊受苦不少。我在给李公信内提及几个冬天室中无适当之暖气，所作书稿送出版者则一再被拒退回，最后难关突破，我获自由，即不愿再作冯妇，在机构组织中厮混已非愚志也。

而且没有大陆方面的"经济改革"，我尚不可能有此坚强的自信。我和李公约瑟在1974年的论文案已提及：我们所谓现代社会，亦不外一个以商业条例为组织原则的社会。现代商业发达端赖信用广泛的展开，经理人才与所有权分离，不受家族地域之限制，而且技术上之支持因素全盘活用，如交通、通信、保险业、律师业。此亦即社会上所有之经济因素均能公平而自由地交换。

此后我从阅读欧美、日本各国之事例看来：一个国家若要进入此种境界，先必重建国家之上层组织，包括政府军队及最高主权。因之对外能独立自主，对内能设计主持，保护和增进如此一种体制。这国家之基层组织也要再造，以剔除用皇权、宗教、职业传继、土地所有、劳动力受束缚各种条件妨碍交换的情形。再进一步建立上下之联系，在实际交换及分工合作时厘定权利义务关系，使整个体制能在数目字上管理。中国因为资金贫乏，土地分割至小，农村之劳动力不能输出，尤其无法执行初期的存积资本，所以全国扰乱动荡几十年。现在看来各种困难均已被打破或逐渐将被打破，所谓经济改革亦非仅政策，乃趋向将农村剩余之劳动力转用于制造业与服务性质之事业，创立新体制。至此长隧道前已露曙光，实乃五百年未有之奇遇。吾人处境有如脱出于魏晋南北朝之分裂局面，进入隋唐建国立制之阶段。

中国科技史研究的奠基者

至此中国历史才确切地与西洋文化汇合，我们读西欧近代史才更了解今日中国在历史上之旅程。反过来说，我们亲临着中国变动期间之事态，也更对英国史、法国史、美国史、日本史等多一重认识。面临这种机遇，我不仅自己业已无法分身，也曾建议李公让其他合作者完成《科技史》之技术部分，他自己集中于卷七结论部分，着眼不仅在科技，而着重英文书衔之"文明"（civilization）。李公1942年任驻华大使馆科学参赞，主要之任务在使中国人士了解他们自身文物上之成就，此目的经他数十年不断鼓吹，成效已超过预期（我自己即深受他的影响）。至此之领导力量大可指示我们今后出处。我的写作既已多承他的启示，我们也于1973年即有约，所有研究成果，彼此均得个别发表，但有的共同使用，我之书刊如有一得之愚，李公及其合作者亦可采用于《科技史》无须征求同意。但他不愿如此，只在卷七注释中提及拙著《中国大历史》。

中国社会经济情形如何促进或迟滞科技之发展？诚然一个负问题，不易获得正面答案，可是今日看来当中亦必有一个用进废退之概理。我们已经看到传统官僚主义之社会凡适用于官僚主义之事物则提前占先，不适用之事物即罕有注意，官僚主义既注重间架性设计，即对精确之衡量无用场，其对称与均衡有助于诗词歌赋与山水笔墨，而无意于三角及微积分。反面言之，一个现代社会乃一个商业为主体之社会，其中各种事物均须公平而自由地交换，则标准化、成批制造、合作分工、细处协定均成为时尚要求。惟其能锱铢计较才能在精微之处讲求效率。因着20世纪之演进其情形愈为明显：大凡科技原理，已被发现部分及尚待发现部分，古今中外通用，因属自然法则（此李公称law of nature以别于natural law），实为上帝赐予全人类。但已发现部分、通用部分及粗率解释部分（通常称为曲解或误解）代表当时当地社会之形貌。中国社会为多数农村之大集团，其科技亦代表此等社会对宇宙之了解。现代社会代表全世界通商分工合作，科技之发现及引用，亦随时代转移。不仅传统中国之阴阳五行李公称为"档案箱"（file cabin）者须代之以可以用数目字证明（此亦李公语）之科学，即牛顿之光线为微粒说（corpuscular theory）者亦早已为波状说所取代，其演进当然与社会经济有关，因为经济亦不外生活之另一面。是以牛顿为剑桥大学教授，亦为英国造币厂厂长，即李公与我在职务庶务之遭遇，亦仍社会经济转变过程中之小波折也。

我虽说今日中国已经体会到历史上之突破，但并非所有问题均已解决（有些问题永不会解决，而且旧问题解决必有新问题）。我想很多同业已注意李约瑟不仅为科学家、作家与历史学家，尚为"人本主义者"（humanist）。我不时听到他说起："为什么这样的没有心肠！"他对中国的爱好，一部分是由于中国人本主义的传统，今中国在重商主义之下造成新体系，如何保存人本传统？时下内地农村剩余人口往城市觅工者以亿计，在城市内由低效率国营事业裁减的冗员冗工又经常成千上万。不久之前香港行政局议员南顺集团总裁钱果丰博士亲历此情景，就呼吁应在科技方面补救。传统科技与新型工业之间是否可找得折衷而过渡的出路使他们就业？隔洋东望剑桥，我们深望李敦研究所的同事们在继续完成李公遗著时，也在这些现实的问题上，找到切实的答案；也更希望出资资助研究所的先生们，从这些地方着眼，继续支持，使李约瑟的精神长驻留于后人心目中永垂不朽，不要人亡政息。

1995年《历史月刊》5月号

大变局中读历史

敏宜：过去我们总以为写历史无非根据真人实事再加以书刊上的资料，连缀而为一个大故事，再加以作史者赋予道德上之评语，也就适应了前人之所谓"褒贬"。殊不知生在20世纪的中国，我们面临着一段空前的考验。你家里由大陆而至朝鲜而入台湾，我经日本而至美国，其后面即有一个人类历史中规模最大牵涉最广的大变动。如果我们不把这背景看得明白，则作史者本人的立场有问题，纵算其所写局部上符合情景，其所发议论亦难避免管窥蠡测的指摘了。

也总算我们运气好，活跃于20世纪的末季，有了历史之纵深，倒看回去，就领悟到我们所临变乱，有似魏晋南北朝时的经验。亦即旧体制业已崩溃，新体制尚未登场中的摸索，这中间过去的道德标准（不是道德之精义）已不适用，所以陈琳称"观主人之旗鼓，感故友之周旋"。曹操更提倡"进取之士未必能有行"。这中间也与元朝的矛盾情形有些类似。元朝前承唐宋帝国财政带扩充性，以后又下接有明清帝国财政带收敛性（今日情形则相反），当中免不了一段尴尬局面。

更因为我在海外几十年，也不得不学外国历史。我第一次教书在南伊利诺大学。因为地方小，每一个历史系的教授都要担任西方文明的两组课，起先也免不得依样葫芦，只能和其他同事一样照着书本朗诵一遍。日子久了，才突然融会贯通，领悟到新世界的现代化，无不有促成各国从农业管制的方式，进而采取以商业习惯作管制之方式的趋向。又因为商业重交换，所以社会内各种经济因素，都要具备公平而自由的交换之可能，如此一个现代型的国家才能在数目字上管理。说来容易，要进入这样的境界，等于脱胎换骨。自此我再循着西方文明史的教科书作线索翻看各国史料，更了解到凡近世纪各国之重大变故，如荷兰之独立战争、英国之内战、法国大革命等无不与这改组有关。这样看来中国的长期革命流血纵横也不是世界史上突出例外的事故了。

有了这样的了解，我才领略到问题之大，牵涉程度之深，再回想起来，记忆到1930年间和1940年在国军和内地里的实际情形，才更觉得到我们的缺陷是时间上和体制上的不如人，有全面性。据说当日我们之对日抗战，确如螳臂之当车，怪不得日本军阀报告他们的天皇可以在六个月内解决中国问题，也怪不得汪精卫要前去投降。敏宜，你已知道我于最近六年以来在各处写作和讲说，提及当日在国军里当下级军官的情形，就半像乞丐，半像土匪。这绝不是故意减自己的志气，扬别人的威风。只不过把整个社会几个世纪落后的情形揭穿，才能确切地欣赏着抗战之胜利是一种划时代的奇迹。

你也知道，我在美国居留数十年后于1974年为美国公民，因为我已觉悟到兹后的教书与写作，不会与我之身份有冲突的地方。余英时先生说费正清教授所写中国历史纯以美国之利益为依归。我倒觉得仅是如此，尚不足为费教授之病。我既已入美籍，孩子与内人也为美国人，也没有在教书与写作时有意留下一个对美国不利的心肠。在我看来费正清和他的高足白修德共同之毛病，则是眼光过浅，只看到刻下门面之利害，所以容易感情激动，这一点我已在《地北天南叙古今》书内各篇提出。

我所叙及蒋介石自北伐至抗战，替中国创造了一个新的高层机构，是有众目睽视的事实根据的。

例如即在抗战期间，国军不少的高级将领，尚为军阀后身，很多部队犹为军阀部队，自此之后军阀割据之局面才永不在中国重现。北伐之前，中国犹为外强之势力范围，抗战之后，不平等条约才全部废除，使中国逐渐列身为四强之一。此外毛泽东因借着土地革命而翻转中国内地之低层机构，刻下之经济改革除了存积资本，提高人民生活程度之外，尚有一个敷设上下之间法制性的联系之任务。此三个段落的接连关系，则不能由这些动作之中单独看出。而必须参对中国古代史里朝代兴亡之事迹，并且比较西欧诸国进入在数目字内管理之程度才能只眼看透。综合起来，再与台湾的情形归纳，则其他各节尚不过是洪流中之涡漩，这近百年的历史总之就是中华民族图生存求解放并且实践现代化之一段悲喜剧。起初我提出这种观点，还不过像是作史者个人之意见；以后局势的发展则已一步逼一步，将这理论现实化。

说这是作史者个人之意见也好，说这是证据确凿的史实也好，总之则中国自1920年间至1990年间前后已呈现着显明的区别。除非我们把当中各种不同的群众运动之积极性格搬出来，我们已无法解释此中奥妙。有了这样领悟之后，我和我在美国之编辑都觉得要将这段结论抑而不扬，对美国之读者亦为不利。目前即有不少华盛顿之众议员与参议员根据过了时的中国观，一到台北或北京即对着他们尚不能了解的事务恣意批判，不仅不中肯，而且危险，这样对美国也并无好处。

这也就是说，我们来自宏观的立场对于近五百年的历史或近百年的历史，已有了大概的轮廓，其骨骼间架业已在位。次一步的工作，则是"赋予血肉"，也正是西方人士所谓flesh out。当中过去尚有不吞不吐的地方，现在即已百无禁忌。因为作史的目的，不是替我们和比我们前一代解释开说，而是像大公司记账一样将业已亏失的数目一笔勾销，使你们和比你们年轻的一代了无记挂与时代更始。

说到这里我也感触到刻下最大的困难仍是时间上的汇集。亦即是前面提及的东西两个世界，新旧之间，已开发及待开发国家间和赞成继续突破的人士与主张保卫环境的人士间之冲突。

举一个例：叙述到蒋先生抗战间的经历迟早必提及史迪威。此人生于1883年，较蒋先生长四岁。在中学时即为足球队四分卫（我在《中国时报》人间副刊发表过一篇文字，提到中国人若要了解美国，不当忽视美国足球在此邦社会上及群众心理上之影响），在他领导之下曾打败所有与之竞赛的球队。他在十六岁提前于中学毕业。1904年西点军校毕业后任少尉，尚在蒋先生投考保定军校被保送入日本振武学堂前三年。同时本世纪初年正是美国势力向外伸展的时候。史迪威在第一次大战时已露头角，可算与马歇尔同事。以后马歇尔主持美国步兵学校即罗致史迪威为他助手。他又在中国以语言军官和武官的资格逗留过十三年之久，不仅巡游南北，而且亲眼看到过军阀混战的情形，尚且在不同的刊物里发表过关于中国现局的文字。我们在驻印军时传说"他三年之前尚为上校"，殊不知美国之常备军只有军官二千员，上校已为赋有名望之地位，而且与马歇尔接近的人物，更是炙手可热。事实上他若不派来中国，很可能前往主持北非登陆之战事，日后树立如艾森豪之功业。所以我们指斥他存优越感，事实上我们也已浅视此人。

叙述这段历史，尚且要顾及两方文教上与习俗间之鸿沟。史迪威在日本投降后履足东京横滨一带，他给史夫人信里提及，这些"獠牙的私生子"今日住在木条锡片的篷盖之下，觅着空隙之地种葱度日，"令人幸灾乐祸地感到愉快"。他又叙述在密苏里战舰上参加受降的各国军事代表，除了美国和中国人之外，英国代表是一只红色的肥饺子，澳洲代表是一束香肠，加拿大代表看来像靠女人倒贴的男人，法国代表颇为雅致，后面的两个随员则像一对巴黎之流氓，荷兰代表又肥又秃，新西兰代表则像个外行。结论则是"在倭人眼前，这是如何一群漫画中之人物，全人类没有找到合适的代表"。

史迪威不会无缘无故地被称为"尖酸刻薄的约瑟夫"。只是与他的抗议直言成对比，我也很难将中国人"非礼勿视"半吞不吐暧昧游离的态度搬出来令外人置信。此即是两方各走极端，1944年之冲突既已无法避免，即今日治史者处置失当，尚可能使中美之间的成见与误解更为加深。

我所谓误解，即是当日问题之由来，实由于中国尚未通过现代化的程序，社会里内部尤其下层的各种因素尚不能公平而自由地交换。蒋先生只能着重人身关系，以他耳提面命补助组织制度之不足，有时干预细节。有如中央大学的学生吵嚷伙食不好，他即自己往沙坪坝与师生聚餐一次；王缵绪与潘文华不睦有武装冲突的可能，他又自兼四川主席。如此之作风最受史迪威批评，也为他鄙视。然则史氏忽视了一段事实，新中国的高层机构实系无中生有，由蒋委员长如是苦心孤诣地勉强拼成。

史将军被斥调回之后，曾愤慨地写出他宁可扛着一杆步枪追随朱德。他就没有了解当日中共部队之有效率，正因他们利用国军之上级机构作挡箭牌，所以能全力搞低层机构，因之他们将整个城市文化摈斥不要。只有油印报纸，秧歌舞蹈，以粮券餐券代替货币及银行业务。大部队则纯以无线电联络，干部又经常而大规模地开会讨论以免除固定性和职业性的官僚机构。

国共两方当日不仅有哲学思想作风之不同，并且也在背景环境及时间层次上做法不同。不仅史迪威没有将全局看清，即我们身处其境，也知其然而不知所以然。今日则因后续之事迹赋予以历史上应有之纵深，也因局势变迁经过一段分散离合两方又有异途同归的形势，于是我才建议引用内外的各种资料重写这一段历史。

博物院供给我两套资料，以成例言，不能算是没有尽极慷慨。可是循阅一遍之后，我仍不得不让你知道我所在困难。即如蒋先生日记之一部分，如果我有机会看到原件，即会如前所建议抽出一部或一本译成英文，内加附释，则我的责任轻，也可望早日出版。可是现在的一部分，只是1970年间筹备党史时所节录，很多引用处只有一句半段不见其全文，计在抗战八年内凡七百八十一条，与古屋《秘录》的二百四十四条比较虽卓有裕如，可是甚为抽象，也相当重复。

这两项书刊相比，节录之处相同的共一百一十二条，内中又只有七十一条完全相同，其他四十一条则在文字上有出入，也无法与原件核对。虽说这文字出入不足以变更日记之旨意，我们既引用仍要向读者有确切的交代。美国研究南北战争时南军将领之专家傅义门（Douglas Freeman）考究之彻底，虽一伤重而去世之将领临终之前梦呓之语，亦据数种传说一字一字考证。我人既称史料得自当代伟人之手迹，则无法将如许相差之处略而不提。

敏宜：我也知道来日研究此公一生思想事业者必有"蒋介石专家"，此项工作，必成终身事业。我人今日之工作最多亦不过替他们指路。此外你我发表之字尚望给当今读者一些参考价值，如此则必与西方有关之字中之最要者互相印证。例如博物馆之资料称，开罗会议时蒋夫人曾于1943年11月26日，衔命访罗斯福"会商十亿美元供款计划"，罗氏"当即面允借助"。得此讯后蒋先生又与夫人于午后三时再访罗氏，"对其允予设法借款，面致谢意"。翌年1月11日，此同一资料之中即有下列之记载：

接阅美国罗斯福总统复电，谓据其财政部意见，认此时借款，当非必要云。先是上秉12月8日公（蒋先生）以罗斯福总统曾于开罗会议与夫人协商解决中国经济问题时，面允贷款十亿美元。故重申前约，诋罗氏意藉词延宕。

此项记载似系根据蒋先生日记写出。然则此中亦必有误解，因美国总统无权承认拨给此项巨款也。但罗氏性格豪迈，其口语与其胸中城府不同。即以上"允予设法借款"与"面允贷款十亿美元"亦有至大之出入。

事实上罗斯福经过开罗后往德黑兰会议回时又抵开罗，曾于11月6日与主持租借法事之哈甫金斯（Harry Hopkins）接见史迪威及政治顾问戴维斯（John Davies）。当场罗氏即说明蒋曾要求贷款十亿，但亦称曾对蒋先生及夫人解释要经过国会批准至为不易。他在哈、史、戴面前又提出一古怪之计划。他谓出资美金五千万至一亿元在中国之黑市中收买法币。他预期经此经营，法币价格当必回涨，他即以出进之间所得利润与中国政府对分。这与"面允贷款十亿美元"，尤有至远之距离。

历史家在此间遇到之难题则是罗斯福生前不作日记（要是有日记倒好办了，因为舍下去海德公园罗氏文件图书馆不过十余英里，我与内子都有参阅文件之准许卡）。而当时人之文件又极散漫。如陆军部长史汀逊之文件藏于耶鲁大学，马歇尔文件藏于维吉尼亚。而且文书来往之中亦有极为奇特者，例如孙立人曾有一信给宋子文，宋即用之与罗斯福交涉，罗又转财政部长莫根索，以后在莫氏文件内出现。总之要仔细对证，非我人力资力所能容许。

即是与已出版之资料对看，也是因牵涉太广，我人所用之凭借有限（此指日记只有一句一段，而此方文件则巨幅连篇）。所以我尚未找到合适处理之办法，周后拟往麻省剑桥，先与哈佛燕京同事一谈再作区处。

但是我不能忘却你和你们先生赞助之热心，也仍觉得现有史料中之日记部分内中仍有对一般读者认为有趣对治史有益的地方。只是千言万语，我只希望因我个人的写作，其程度不论，中国历史可以向前推一步，而不致倒退一步。即踟蹰也仍不出此考虑。甚至即提到不能不看流行杂志与《纽约客》，只因为今日世间之复杂，我人不得不将眼光放宽视大也。

　　祝一切如意。

尉凡

内 战

"黄，你们在打什么？"

我们留美的一年之内，当初出国时所憧憬着一个未来中国的富强康乐之景象，已经烟散云消。在这一年之内太平洋西岸中国的内战已全面展开。马歇尔被召回国。美国从此对中国采取不与闻政策。白修德的书也在此年之内销售四十五万册，内中将中国说得无一是处而尤以攻击国民政府及国军时为盛。国军占领延安的消息传来，各家电影公司早已将当地情景摄为新闻短片，在正片之前演放。内中只看出一连串的窑洞，总之就是一片赤贫。参谋大学的美国同学有时也根据这些情节逼问："黄，你们在打什么？"

我也希望有人能给我一个答案。

新年之前学校休假两星期，我趁着这机会游历东部。出入火车时听着其他旅客唱说："中国军队来了！"其声调之中已带着讥讽成分。也正在这时候北京的一位女大学生传说被美军奸污，国内各城市展开一片反美风潮，这倒增加了华盛顿将美军全部撤出的凭借。

然而美国之言论自由，也并不是完全由各人自叙衷曲。其实媒体以商业方式经营总离不了生意经。尤其重要的报道必根据潜在的群众的意向为依归。有时宁可把白的说得更白，黑的说得愈黑，不能违背潮流。一般的美国人以为美国介入第二次大战旨在"拯救中国"。可是到头无一好处，而战后之中国仍是西方之赘疣，不免厌恶，只望政府勿再卷入国共冲突之漩涡。以后杜鲁门作回忆录就提出此中关键。在这种心理状态之下也包括了不少各人本身意向不同的打算。比如说我因朋友介绍在华盛顿晤见了一位政治意识浓厚之人士。他自己对美国的内政主张前进左倾，因之也对中共同情。后来提到北京美军的案件他问我意向如何，我只说希望此事不致动摇美国援助中国战后复兴的大前提。他就两眼对我直视然后发问："假使你的姊妹给人糟蹋，你也会同样地置之不闻不问？"

这期间的种族成见仍未如今日之一般地破除。各界如提及中国内战就有人解释总是有色人种不知如何治理自己之故。纵使参大教课无人如此直说，私人谈吐间这种意见已见诸言表，只是他们稍留情面，在我们中国学员面前保持五至十英尺的距离而已。我们人事系里有一位英军中校曾服务于印度（此时印度正要求独立），他眼下的中国人印度人和美国黑人出于同一范畴，总之就是需人管制。

倒只有参大校长哲乐中将毫无如是的观念。"哦，内战。"他曾在一次接待会里说起。"内战有什么值得羞耻的地方？只因国民爱国心长才有内战！瞧我的祖父这一代，他的兄弟堂兄弟一起参加，有的在南方军，有的在北方军……"

可是哲乐将军没有想及美国的南北战争距此已近百年，其经历已写成一段史诗。战胜的像葛兰特（Grant）和薛曼（Sherman）及薛里顿（Sheridan）等固然是功勋炳烈，至今各人铜像尚植立于雷温乌兹要塞内各处，即失败的也虽败犹荣。如李将军（Lee）和杰克逊（Jackson）等已是万人崇拜的偶像，即如西尔（Hill）及史都华（Stuart）也仍是流风遗韵尚在，是史书中罗曼蒂克色彩浓厚的人物。只有我们的内战说来无非军人逞凶人民涂炭。我们穿着制服即在国外被人瞧不起，回国之后所有的薪给不足以成家立业，还在被人唾弃。遇到前方归来的同事所述更为寒心："他妈的，老子们在前线拼命，有的人已经打死了，报升一个团长，还说年资不足被批驳回来。你们倒在后方反饥饿反内战干得鸟劲！"

即是至今已近半个世纪，40年代的内战仍是一个令人情绪激动的题目。因为这一串事情之发生，影响及于我自己大半的生涯，（我们这一代又何人不如此？）我曾对之经过多度的思量与扪心自问。虽然也衷心冲突，前后观感不同，却自始至终从未以为内战之展开总不外两方意气用事，领导人物只为自己权势打算。要是果真如此则所有的好人全部袖手旁观，中国的国事一直被人垄断操纵，以致误入迷途，一错再错，就四十多年。总之人类的记录中没有这样简单而又不合理之"历史"。

曾任《纽约时报》的编辑兼通讯员沙利斯百里（Harrison Salisbury）曾经说过中国像一颗洋葱，剥去一层皮尚有一层。亦即背景之后又有背景。所以只据表面上发生的事情评判，多不中肯。而尤以各人人身经历所作的报道，最易为局部的视界束缚，也更容易为感情作用蒙蔽。

体制改变的转机

中国自1941年至1991年有了很大的转变，只举一个例：今日台湾的对外贸易与外汇存底都在世界上具有举足轻重的力量。即大陆之输出入也近于每年千亿美元之数，这同是五十年前不能想象之事。可见得前后之间两方体制都已经过重要的转变。抗战与内战本身不能增加生产，促进贸易；却安排了体制改变的转机。只有事后看来，我们才能觉悟到变更的幅度之大。从一个"开祠堂门打屁股"的社会进而为一个"十年之内国民生产总值又翻一番"的社会，犹如一只走兽之化为飞禽，此中不能避免蜕变之苦痛。

这样体制之改变曾涉及世界所有的先进国家。在马克思看来，总之即是从"封建体制"进入"资本家时代"（马克思未曾用"资本主义"字样）。可是我们觉得亚当·斯密所说，一是"农业之系统"，一是"商业之系统"，讲来比较适切。

大凡商业体制，内中各物都能公平而自由地交换。军队为社会之反映，我们在美国参大就学的一年就已充分地理解到此中性格。美军兵员之补充，可以用"油管制"。一个烤面包排可以配属到此一军部，也可以派遣至另一军部，其他武器装备，也无不如此。从无部队长官据为私物。因为美国之兵团army corps（即中国之军）非建制单位，所辖之师全系临时配属。我曾问雷温乌兹的同学。"要是兵团长不满意某师师长，那他如何办？"

"怎么办？如果情形严重下令给他免职是也。"一个同学如此地回答。其他的也点头称是。虽说这样的事体不多，这已是公认之原则。

要是在中国，问题就多了。谁是谁的人，哪一个师属于哪一派的系统，早是众所周知的公开秘密。要是我们不熟悉这些门径，就不能当参谋。起先我们还以为这全由于中国人道德标准低，私情重于公益。直到我自己在军队被打垮之后，再度来美，重新学历史，又经过多年之思量，才领悟到中国是一个农业社会。传统的管制办法着重"尊卑、男女、长幼"。亦即是利用血缘关系与社会价值控制着无数农村，各地构成无数小圈圈。平日对内不设防，不仅无力经营现代工商业，且无适当的税收来源，筹办现代化的政府与军队。

从北伐到抗战这一阶段，国民党之所作为即是创造一个新的高层机构，连现代型的军队在内。蒋家军虽然以"黄埔嫡系"为中心，其他军阀杂牌部队也随着兼容并包。即如我们的驻印军新二十二师由杜聿明的第五军抽来，新三十八师孙立人部即系财政部税警团的后身。新三十师由四川的第二十五补充兵训练处扩充而成。密支那战役之后，史迪威认为新三十师作战不力，将师长胡素和两个团长一并撤职，限二十四小时离开缅甸战场，遗缺由其他两师的部队长升级接充。这事曾和重庆统帅部发生相当的摩擦。表面看来史迪威不顾中国的政治背景，只以军队效率为前提。可是在他不知不觉之中业已另自构成"洋将史家系统"。要不是他自己不久之后，被蒋委员长要求免职，他之作为的后果尚不能臆度。

只因为兵工与军需都是临时筹措，也无法全盘支配。所以我提议研究这段历史时，历史家不要先存有当日中国已是一个统一基础稳固完善国家的想法。实在此时应由体制不合时代或已崩溃，新体制尚未登场，很多情形之下，青黄不接大可以和魏晋南北朝一段比拟。很多人物的举动也和《三国演义》所叙接近，即是在地缘政治中行止未定，只能以人身关系为依归。张发奎称"铁军"，以叶挺做先锋、贺龙任包抄、黄琪翔为预备队，战无不胜，也并不是战术高妙，乃是数人意识形态接近，又在统御经理上互相信任，结为盟友死士，才能充分地分工合作。后来环境变迁，各人也不能再创奇迹。

国军将领中"贪污无能"的情事，诚然有之，但是这是一种组织不够条件的现象，不是败坏大局的原因。穷究其极，还是国家缺乏适当的资源去支持三百多个师，因之不能避免采取包办制。我任少尉至少校的一阶段月薪一再调整，总不外值美金三元五元，只是在南京时，同公务员待遇，不时尚发得食米五斗、布料一段，有时甚至香烟一条、酱油若干（各人自备瓶领取）而已。其在野战军里实等于无给制。高级将领既要维持他们的社会地位，又要周济家人贫病的部下，不能不控制一部分的钱财物资。可是假公为私之门一开，即无法区分贪污与不贪污。及至内战的尾段，中枢以飞机将钞票运至前方，报载前方将领又以飞机载运回后方购买物资，甚可能实有其事，当日物价三日五日大涨，除此之外无从保存纸币之购买力。

美国在华军事顾问团长巴大维少将（David Barr）以后在美国国会作证，他任团长时国军未曾缺乏弹药器械。这话题也值得研究。军火与装备的总吨位，不是决定战局唯一之因素。装备既加重，交通通讯的器材也要成比例地增高。既有繁复之后勤，又需要社会上生产与分配的条件做同样的支应。这有如一个人之体力，与骨骼血液和神经系统甚至整个健康互相关联，非筋肉可以单独奏效。以后美国的"白皮书"出，内称装备国军三十六个师，历年也耗费美金二百亿元。曾参与接收物资的刘德星少将（曾任东北保安司令长官司令部高级参谋，不知何往）就和我说及这并不是有计划按比例的供应。当中估价的情形不说，只是美军复员时弃置在太平洋上各岛的物资，此处弹药一堆，彼间香烟奶粉若干，一并加入计算。以后前往东北之国军，所穿制服靴鞋不合分寸，多余之装备无从转运。也有其他战区野炮一营在战场上只备有炮弹五百发，部队长咸不敢用最后连弹带炮被共军掳获等事。可见得只叙实情不提背景，仍使人知其然而不知其所以然。

双方都想避免贫穷

这样说来1945至1949年内战的意义何在？

内战仍是中国从农业管制之方式进入而以商业条例管制社会的大过程中之一环节。简概言之，国民政府因着抗战替新中国创造一个高层机构的工作业已初步完成，此时虽仍有正规部队与杂牌部队，嫡系与旁系，军队在大前提之下已受统一军令之支配，军阀割据之局面从此失去凭借。所缺乏的是下层机构。这时候农村里面的保甲，仍与尊卑男女长幼的社会秩序为表里，即纵经整理也只能供应曾国藩式的湘勇，无从支持为数几百万以铁道汽车运兵的现代军队。

国民政府的着想乃是接收大量的外援，将城市及沿海的经济力量辐射到乡村中去（以后在台湾就大体上用这政策成功），可是以问题及范围之庞大，如果行之于大陆，等于要美国国民平白供应中国国家支出数十年并且为之动员设计，也难免不派兵长期驻华，所以杜鲁门及马歇尔的不介入之方针，并非全无历史眼光的短视政策，只是如此说来中国的问题输血既无着落，只有开刀。在此我们也可以注意白修德在《雷声后之中国》说出："中国若不改组，只有灭亡。"

中共的决策，简言之即是开刀。只是今日几十年后有了历史之纵深我们可以指说"打土豪分田地"并不是本身之目的。其在历史上的意义，有似隋唐之均田，亦即造成一个共同的低层组织，作为府兵制及租庸调的税收政策之基础。此时中共全面地避免都市文化，也忽视高层机构。大兵团的行动只用无线电协定，表面看来好像从社会进化的过程中倒退一步，可是从此即在农村之中造成了一个稳健的基础。林彪谓之为"以乡村包围城市"，其实人民解放军的战胜国军，得益于其就地征兵取粮，补给线缩短，无防御性的顾虑（即是延安根据地也可以放弃），因之战斗意识旺盛。在这多方面有似于契丹之辽与女真之金以其均一雷同之组织，战败北宋。10世纪以来的赵宋王朝担待着一个多元经济和城市文化的负担，很多看来有利的因素放在广大的疆域里，只是"万绿丛中一点红"，缺乏组织与结构，徒为大部队行动之牵制与顾虑，却又不能放弃。国民政府在1945至1949年间的处境与之相似。

中共夺取政权之后，一直维持着若干战时体制的性格。他们的设想"早打、大打、打核战争"的这一观念直到1985年6月举行的中央军委扩大会议才正式宣布放弃（见北京周报社1987年出版的《中共十三大与中国改革》，页五十三）。又在建立人民共和国后，"据估计三十年来在农产品价格剪刀差形式内隐蔽的农民总贡赋为六千亿元以上"（国务院农研中心发展研究所《发展研究通讯》1986年12月总第45期，页5），所以从历史的长远角度看来，他们群众运动仍着眼于马克思所谓"原始的存积资本"并非遂行共产主义，从延安住窑洞到深圳建造摩天楼当中有了一段极长远的距离。内中情节，不是我们"褒贬"所能左右动摇的既成事实。即是将之"三七开"或"七三开"也无益于事。中国的内战彼此驱农民作生死斗，与美国南北战争时两方都由中产阶级人士积极参与支撑的不同，因之无从将之解释而为一段读之不倦令人徘徊景慕的事迹。可是虽如是，中国经过内战业已达到体制上改变之转机。此后之发展在中国历史内无成例，却可以与17世纪以降西欧各国尤其英国与荷兰纵横曲折的经过遥远相比。

如果今日我又遇到参大四十五年以前的同学再问到当日的问题，我们在打什么，我即可以从一个学历史的从业员之身份解释：双方都志在组织一个现代化的国家，彼此都想避免穷困。

1991 年 11 月 15 日《中国时报》人间副刊

世上鲨鱼四十亿

敏宜：你寄来的资料，都收到了。像古屋奎二那样的资料，都用航邮，足见你对我工作的重视。谢谢你也谢谢你先生。

我在圣诞节前后，确实生了一些小病。起先我也打过感冒的防疫针。可是不知如何，仍是患上了流行性感冒。三天之后，变成肺炎。

我一直到这星期才重新开始伏地挺身地运动，前天才开始在门前扫雪。没有早给你信，希望见谅。

可是倒因为在床上的时间多，曾翻阅了不少各种五花十色的文件。从一种流行的科学杂志看来，知道全世界共有鲨鱼四十亿头。一点也没有错，超过四十亿和人类的总口数相埒！不过近年来每年给人斩杀的就有二亿头，在三百七十多种的鲨鱼里多种已有绝灭的危险，所以澳洲和南非已颁发了保护鲨鱼的法令。注重全球环境的人士还主张通过联合国，责成所有国家体会保全鲨鱼的重要。我也想不到鲨鱼的存在值得这样的令人着重关切。杂志却没有明白说出其与环境相关的详细情形。

《纽约客》杂志在新年后登载了一篇关于新加坡的报道，里面说及李光耀治理星岛三十余年使该处穷困绝迹，全境没有无家可归的流浪者，所有的器械工具全部行使无阻。出资新装电话，二十四小时内装妥；飞机场去市内大饭店十二英里，计程车行驶从下飞机到旅舍只半小时。美中不足的则是仍有人不守纪律，竟有人在公寓的电梯内撒尿！于是政府也创设对策：各公寓电梯内装有侦测阿摩尼亚的感受器。如果尿素被侦悉，电梯铁门自动锁闭，备有的照相机将犯人照相，另有警号通过有关当局，巡警立时在道。犯人除了罚款新币二千元（每元值美金六角二分）外，还有姓名照片被刊载在报纸上的光彩。此外上公共厕所而不冲水，乘地下铁而在车上或车站饮食，都有极严厉的处罚。最近几年来新加坡和西方尤其是美国新闻界的冲突，则不外有关政府对新闻的管制与取缔，也涉及人权问题。可是新加坡政府坚持它注重公众道德与纪律的决心，<u>丝毫无退让妥协的征象</u>。

这样离奇古怪的报道也看得不少了。一个研究历史的也和一个新闻从业员一样，需要经常不断知道外间的变化。从以上各种报道看来则只觉得时间的逼人，大概诸事一时丛萃。已开发的国家和待开发的国家观点与序次不同，东方与西方的社会价值也有很大的差别，更有继续突破创造的想法与保卫环境的顾虑所产生之大距离。也真莫衷一是。

我当然没有撇开前后寄来之资料，古屋的书即已看过一遍。从博物院借来的书也曾反复阅读，内中蒋先生日记各则，大部都已逐段研究。因为他一生崇拜王阳明，王学宗旨，则以"心"字为主，亦即是"天下无心外之物"。王阳明认为"尔未看花时，此花与尔心同归于寂。尔来看花时，则此花颜色，一时明白起来。"这种解说和德国哲学家尼采以及本世纪初期美国哲学家詹姆士（Willim James）的想法极为相似。他们否定获得知识只是一种消极被动的做法，而是认为世事的真实性必由"我"主动的掌握。蒋先生所提倡的"抗战必胜"和"建国必成"，无疑地出自这种主动的启发。我看着他重复地又不厌其烦地在日记里关照自己，好像潜水艇每一日必须出水向空以便柴油机发动重新充足电池，可见得这样的信仰，也需要极端的意志力在后支持。看后我就决心将当中若干段落一字一句地照抄一遍，在抄写时，揣想他当日的情绪。

可是这样的办法，并不是决定将我的历史，完全根据他的观点写出。那样的资料早已汗牛充栋。同时那样主观的是非，对你我讲，已失去实用的价值。

我最近来台北，也受到少数人士的批评，中央军校的同学，就有人不赞成我将蒋先生提名道姓地称为蒋介石，而指出我应当称之为"校长"。殊不知我写作的着眼早已超过"校长言行"与"总统言行"的范围。即写一篇小文字，我也仍要顾虑到他蒋先生在所有华裔人士中的观感。如用英文写出，还要顾及他在国际间读者心目中的地位。我在《中国时报》发表文字时，即称陶先生为陶希圣，曹先生为曹圣芬，并且注明这样做法与我个人与诸先生的私人关系不同，这一点我想你一定能谅鉴。

蒋介石在日记里也写出："人生实一大冒险，无此冒险性，即无人生矣。"这样的观点即已与传统圣贤的尺度不同。他在南京失陷后，让德国大使陶德曼斡旋和平，并且在日记中写出："为缓兵之计，不得不如此耳！"严格讲来，也非书呆子心目中的圣贤所能包容，还有徐州失陷后，他下令黄河决堤。美联社的记者白尔登（Jack Belden）当日即有极详尽的报道，甚至蒋电话催促商量的情形也经各种书刊转载，发行数十百万册。这种举动更非拘泥于传统道德的人士所敢于想象。

然则我是否也像很多西方人士和"前进的"中国人一样，指斥他以忠孝仁爱信义和平作号召为矫饰，而实则是一个欺人盗世的伪君子？不。我因为自己曾上过军校，曾听过他的训话。军校毕业之后也有好几次切身在近距离冷眼观察他的机会，这与被他召见有责任关系的人士之观感不同。有了这样的经验，加以他当日面上的表情之记忆，才确切相信他的虔诚。比如说：他写着"川民最痛苦而其工作最残忍者二事：即背长纤上滩与提大锥凿石，令人目睹耳闻，悲伤难忍"。我确切相信他当日内心之反应如此。

然则这如何能与洪水泛滥于四省，淹没了四千村镇，使两百万人民耕作物荡然无存无家可归的决心与指令相并存？在类似情形之下他如何能够只顾维持官僚主义逻辑之完整，指令枪毙某人，却又倡言抚恤阵亡将士之遗孤，而实际上军政部连这些遗孤的名单都不具备？

粗率答来，也可以说是"见牛未见羊"。更进一步追索过去，则是人类心理上本来有这种自相矛盾的趋向。我在教书时，不时遇到美国学生发问："为什么这样不能前后一致？"

我也曾反问他们。要是发问的学生名叫巴蒲的话，我即说：

"巴蒲，让我问问你：老实说来，你从今天早上起床到现在，你的态度与思潮变更了多少次？或者你真还是始终如一，你的想法前后贯通，全无矛盾？"

巴蒲必是心览意会，面带微笑。他的问题也就在此中找到圆满的答复。

不久之前，我写过一篇军校生活之回忆的文章，就说及我们的军官学生已具有双重性格。比如说当校长来临时，他带着我们读《党员守则》和《军人读训》。我们当场确是一本正经，每字每句都读人肺腑，后来有些同学在战场上捐躯，必受有此金石玉言的感化。可是在读训的当天晚上熄灯就寝之前，我们有了十五分钟的绝对自由，大家都以学习校长的浙江口音为笑谑。"服从为负责之本"，他读来有如"屋层外无炸资崩"，最为我们取乐之根据。可是至今事已逾半个世纪，回想起来虽如此，我们仍没有否定他的训诲。所以我们的区队长和区队副，明明听到我们的揶揄模仿，也不以为意。这也就是说我们的举止和我们应该的举止行动当中已有距离。我们军校学生既如此，他蒋委员长企图运转乾坤，其身份上应做之事和他实际能做之事的中间也更有距离。想象之中，他也只好以看花时欣赏花之颜色，不看花时此心与花同寂的双重态度去对付了。按其实凡革命领袖均不得不如此。

我们的矛盾，出自年轻人之稚气，即纵使无恶意，今日回顾仍不能全然不感罪咎。以此推测，他蒋委员长心头有那样的矛盾，必定感受到常人无可承担内外之压力。我们既然知道他已出于环境之逼迫，无可奈何，再看到他所写"上帝既能拯余出此万恶绝险之境（此指西安事变），自能拯救余四万万生灵于涂炭之中也。惟祈上帝赦免余之罪恶，而使余国家民族速即脱离压迫实现独立耳"。更没有心肠责备他，而只能对他感到深切的同情了。

1992年2月21日《中时晚报》时代副刊

母　亲

　　我老早就想写一篇关于母亲的文字，可是下不出笔来。因为要不是假装着的痛楚，就是硬逼着自己的冷心肠。我想不少和我同一年代的人，也必有类似的感觉。难道对不起自己的亲生妈妈，连一篇诚挚的忏悔也写不出来?这也是因为我们的母子关系，经过一段历史的震撼，早已透过多少的层面与场次。我的情绪本来就复杂，再加上外来因素的介入，更不容易清晰整理了。

　　上次，我们离台北的前夕，参加了顾正秋女士自传《休恋逝水》的新书发表会。会场里也请作者的女儿致辞。（即这一点也表现中国传统文化的特性。西方女演员出自传，很少会强调作者做母亲的身份。）这位小姐每一提及"妈妈"时即有无限亲昵依恋的情调，令我触发《左传》所叙郑庄公对颖考叔所说"尔有母遗，繄我独无"的感慨。

　　我也羡慕内人格尔。她一提及母亲时即使我想起，她们母女在类似而少变动的社会场面里共处数十年。虽说我岳母经历过1930年间美国经济大恐慌的场面，格尔则在二次世界大战之中之后长大，她们母女相聚，谈及民主党、共和党、种族关系、工资物价……即纵前后不同，仍可以彼此了解，不像我们连组成社会的原则都翻了一个面，虽亲身经历，还要事后长思，才能逼着自己领略当中意义。经过新旧一代早已不能衔接。

1987年，我由纽约飞北京。第三天和我的妹妹同去西郊八宝山参谒母亲的坟墓。事前妹妹写信告诉我，亡母坟上大理石墓碑，已给人掘去盗卖。原来母亲1962年去世后火葬，我们曾在八宝山买得一段墓地。当日虽在文化大革命期间，公墓的管理尚有条理，妹妹寄来的照片，还显现着花岗石和大理石的墓碑纵横成直线的连缀，毫无参差。不料经济改革开放之后反而秩序荡然。妹妹被下放往河南做工之后回北京，才发现这一片墓地坟上加坟，已经将我母亲的一块墓地挤得不知去向。1984年我弟弟回北京，因为他代表美国一家飞机制造公司，北京的领导人物都刮目相看。经过他的质询，一个管理侨务的机构承诺查勘。但是这也仍不过是官僚机构的等因奉此。我们切身所关，在实地尚且查不出究竟，他们又如何能在公事房里勘得成果？即使查出又如何处理，难道勒令盗葬的骸骨限期迁出？

我们在那段坟山荒土草丛之中，根据以前的照片，以及我妹妹的记忆，断定一处墓碑已被凿去，但是碑之基石尚在的方尺乃是母亲的坟墓。最有力的证据则是斜对着右方三十尺的地方一位徐姓教授的墓碑尚在。作此决定之后，我们环顾内外，寻觅管理公墓的人员与公事房。八宝山除有埋葬党政人员的部分有围墙与看守人外，迤西的一部却无围墙与边缘，远近无建筑物。我们好容易在山岗上找到一座篾壁平房，里面也只容人周转，一个年轻人好像是此地权威，却不承认他对来访人有何义务，他对我们的询问全部拒绝答复。可是一听到我们准备恢复大理石的墓碑则特别感到兴趣。他在室旁有好几块墓碑，可以立即成交。

恢复母亲的大理石墓碑，他索价一千二百元。

"那石碑如何嵌在下面那块石头上去呢？"

"不成问题，一切在内。"

"刻字呢？"

他摇头带笑说："只有石头贵，其他都不在乎。刻字嘛，那顶多不过十几块钱。"

我和妹妹私下商量，准备和他讨价还价。看来这管理公墓的人，也可能即是盗碑之人。不过既要恢复，就少不得与他打交道。否则索性不再修理，忍心认为这是最后的一次扫墓。我已年近七十，很难能得再来。妹妹也不日要回桂林。我们的下一代更少有机缘在此逡巡。妈妈既已火葬，骨灰落土，整个八宝山，也就可以视作坟墓了。

我们父亲的坟墓在湖南，几十年已无人询问过。祖父母和曾祖父母的石坟砌在田丘之间，很可能已开发为稻田。我的一位老师富路德教授生长于通州，虽然对中国极具情感，却在最后二十年拒绝回首访问出生的地方。（后来因为夫人催劝，还是去了。）他的理由即是怕见父母坟墓被开山机掘起改作农场。即在美国最早的公墓总在教堂近旁。当年每值Memorial Day必有儿女扫墓摆置鲜花。于今这样墓地里的墓碑大多经过日晒雨淋，字迹斑驳落脱。新的公墓在郊外偏僻之地，以今日美国人口的流动，也很少有葬后再三祭吊。况且几十年前我曾看到北京、天津间铁道线附近坟墓鳞比，今则全部不见踪影。以近日中国人口暴涨，北京内外人民的无秩序与八宝山的管理状态而论，今日恢复石碑，明日又是墓碑盗掘，坟上加坟，大家争抢着家人落土之地。既然目不忍睹，还不如索性不要留下这伤心的纪念物，贯彻着二十五年前火葬的宗旨，只算母亲已经脱离尘世归返净土了。将来我们去世，也采同一办法。

妹妹执意不肯。她决定不用大理石，这次只用花岗石，粗率的恢复，免得盗碑人的觊觎。我们借着管理公墓的人之笔墨，在母亲坟墓的基石上大字标明。妹妹决定让她儿子秋间休假时，专程北来，监视着恢复墓上石碑，也仍把我们兄妹三人的名字刻上去。

临别之前她对着无碑之坟说着："妈妈，我没有好生看顾您老人家，只是我确是距离得太远，没有办法！"说时她已涕泪纵横。

我一直忍着心肠，至此到底禁不住心头伤感，也情不自禁地倒在石基丛草与灰尘之间抽噎地哭着。妹妹还不知道，我的伤心处，还包括着她所没有的罪咎之感。

假使我这篇文字的目的仅在于彰母德，则实无在此发表的可能及必要。中国传统传颂先人祖德的文字，俯拾皆是。韩愈、欧阳修、曾巩、归有光……先考先祖姚周孺人、宋孺人的行状与墓志铭……一律千篇。当然的，儿子显达，必是先人有德。要不是祖先节衣缩食，子孙何能得有清闲拜长尊师，练字读书，秋闱中试，伏阙授官，追怀旧德，"今日俸钱过十万"，"何昔日之不足而今之有余也"，也只是传统社会里贫贱富贵循环的事势之必然了。写这样的文字还不如朗诵《古文辞类纂》直截了当。

在我的记忆里前面的一段，大概从小到我上初中的一段没有母爱的印象。虽然妈妈常用"一身干一身湿"的湖南土话形容养育我的艰难，但是结论总是我和她"娘崽不和"。有时候说得气极她还说："人看其小，马看蹄爪。"意思是各人禀性，从幼表现。我处处不听她的吩咐，将来长大，不为孝子，势必为逆子。

原来我们小的时候，父亲为着衣食，长久地不在家。我们自幼的教养全由妈妈负责。她又没有受过新式教育，也无旁人在侧询问。她只循着她父亲的办法——律子要严，以致她的指教，处处拂我意。她为着省钱，要我们穿自制土布衣鞋，我羡慕同学的帆布橡胶底球鞋，故意将鞋在水坑里弄脏。我们在乡下的时候，我和同伴到田间去采桑叶捉蝌蚪，我有两次掉在水里，经人救起，从此我就不能随意外出。妈妈的使唤，使我非常不快，虽然我到头总是服从，但是总少不得顶嘴。在我的记忆中，我少被鞭打，大概一生之中也不过两三次，只是被责骂实为常态。妈妈一责骂，我就回口，这样她认为我们是"母子不和"。

我小时候也曾欺负弟妹，争吵时仗着个子大打他们。我还学着一种顽皮的办法，称为"画地为牢"——用粉笔在地上画一个圈不许他们出来。我还欺骗弟弟。我们两三数天有三个铜板的零用。我用的总是不够，弟弟总是留着不用。我就和他商量，如果他将他的三个铜板借给我，我到头加倍奉还。这口头契约也未注明年月，到头总是我们意见不合，他吵着要账，我无存款可还，于是妈妈代还，只付本而不付息，弟弟又吵嚷。妈妈要弟弟妹妹记着，我是"拍虎大王"。

多年之后，我修习到心理学才知道兄弟姊妹间的相互排挤，称为sibling rivalry。父母子女间的爱恨参半，则为ambivalence。但是在我外祖父的世界之中，这一套全不存在。人非孝子即为逆子。幸亏我生已晚，我刚一岁外公即去世。听说他生前一度惩罚我大舅的办法，乃是用铜制旱烟管向头上敲，也不顾及儿子可能因脑伤而终身残废。我的母亲在这种环境气氛下长大，她之教养我们已较外公开明多矣，可是与现今各大学之儿童心理学又尚有一段长远之距离。

这种家中琐屑之事，也仍与我们所读现代史有关。原来这时候，不论上下，我们都已生活在历史的大转变之中。鲁迅与周作人兄弟间小时的嫌隙，就在数十年后仍出现于两人文字之中。在30年代我们年轻人对蒋介石有高度的崇拜，他每发表文告，常用对他母亲的孝思为题，和我们企望着他能借着文告表示英雄色彩的想法大相径庭。直到不久之前，我阅及《民国十五年以前的蒋介石先生》——其实这也是毛思诚代写的一本自传——方领略到他的孝思，并非自然的对母爱的一种表露。而是浪子回头，追怀母教，在伦理上的一种自矢。蒋母崇奉民间式的佛教，极端的迷信，极端的保守。

她对蒋介石也不时"夏楚"——打手心，尚且在他十四岁不到的期间，指定他和毛福梅成婚。以常情而论，她不可能对蒋之辍私塾，进新式学校，又弃文就武，入保定军官学校，被保定开除，再入日本士官学校的预备学校振武学堂；振武毕业见习之后又不继续往士官，而参加革命的这一段推怀置信地赞同。（如果她曾一度支持，难道文告中竟无一字提及?）况且以后蒋又赌博嫖妓做股票生意，"懵懵懂懂不知如何做人"（都系蒋忏悔之辞），更不能为蒋母所喜。至此我们也可以想见他们母子相处，爱憎相伴的概况，与日后追悔的线索了。

毛泽东对他父亲的憎爱更为尖刻。替他作传的人不断地指出：毛从小就反抗父亲。十几岁的时候就支持父亲的佃农，拒绝为父亲的田亩工作，将替父亲收回的借债散放与穷人。这种在家里就反抗权威的幼年经验可能已经奠定了他日后领导农民革命的基础。可是毛泽东在1959年回到湘潭韶山故居，仍向他父母坟墓前三鞠躬，将一把松柏枝贡献在土垄上之后，又再三鞠躬。同行的人立在毛后，也随着三鞠躬。可见得毛一生做革命领导人，并没有完全放弃传统"慎终追远"的观念。

我和母亲间的恩怨当然没有如这些领导人的显见突出。可是这样说吧，我从小受教就缺乏一种母子之爱，出诸天性，如小孩放学时，情不自禁地奔向妈妈，双手围在妈妈脖子上亲热的经验。大概初省人事，就沾上了一个子女应当孝敬父母的观念。直到小学六年级，才有机会读到谢冰心的著作。这位女作家所叙母爱，显然的为外来文化的产物，我们只能羡慕。

即是刚一暴露于这种新时代的文艺读物，也至为短暂。小学六年级，我们读过《爱的教育》，也读过叶绍钧的《寒晓的琴歌》和朱自清的《背影》。可是一上中学，教程又全部放弃这种"卖浆者言"，而是一意复古，以"巧言令色，鲜矣仁"为依归了。

我父亲四十岁生我，母亲也二十八岁，到我十岁左右的时候，爹爹已五十岁，但是他做过革命党，当过将级军官，也有四出旅行的经验。妈妈近四十岁，裹过脚，只会讲乡下话。和人家年轻的妈妈相较只有使我觉得自惭形秽。

　　家里穷也是一种令人感到羞辱的根源，现在想来这种状况实不可免。我们乡居的时候，每年收租三百石，俨为当地大地主之一。自迁居长沙之后，凡房租电费佣工街上人力车费都为以前所无，我们的衣服食物学费医药也较前倍增。柴米菜蔬以前采摘自田间，现在都要出钱购买，饮水出自城南的白沙井，称为"沙水"，洗涤用水则汲自湘江称为"河水"。每天有小孩兜售，唱呼"要沙水不？""要河水不？"这种消耗都为额外加添。居城一年，我家即感家用不敷。爹爹自脱离国民党后，只能在各县政府做白头胥吏，自己住在任所，另有开销，薪水沾家仍不足。也不时失业，于是变卖田产。从此我家稻米收入每年只百余石，为以前的一半。长沙的"机器辗米"每石九至十元。长沙东乡的稻米则每石只卖得二元。每年秋收妈妈坐独轮车往乡下籴谷，付税之外所得二百余元，只足供家用之一小部分。卖田的一千五百余元，存入一家米厂，凭存折支取。我上中学的六年期间即每两三月必往连本带息地支用，因此储蓄浸淫日减。到抗战前一年我上南开大学时，这本存折的底数已低至最后的一百元。

　　我上中学的时候上衣必穿制服，黑色粗布，上有领章。但是裤子没有限制。时尚的为蓝色哔叽制，可以烫出笔直的褶痕。男孩子头发沾油，皮鞋擦亮，穿着这样哔叽的裤子，最为女孩欣赏。我为着自己的时髦，逼着妈妈从她悭吝的口袋里五元十元地掏出来，供我作赶上时尚的花费。她稍一推拒我就蹬脚叫嚷。这时候我从没有想到母亲面对着入不敷出的家计，丈夫也快六十岁，又丝毫无增辟财源的可能，心中的焦虑与恐慌了。

这样的穷困也是时代所赋予的。在我父母亲那一代的过程中，中国内地自给自足的农村经济已被冲破。自沿海商埠至内地口岸，一套新兴的产品从煤油、电影、新式文具到罐头食品及现代医药如潮地输入，而内地仍只有最基本的农产，而仍只有拖泥带水的生产方式。去城市愈远，谷价也愈不能调整。我的外公生前也是当地大地主之一。他去世后，外婆继续勤俭治家，但是越是积攒，家中人口愈多而越穷。她住宅的楼上有一个竹箩筐，里面存积着一串绵延不断的铜钱，我们称之为"明钱"或"穿眼钱"。内中多"咸丰通宝"或"光绪通宝"，但是内中也间常夹杂着历代铜钱，如光亮的"嘉靖通宝"。穿钱的绳子愈接愈长，终至从筐底而辗转至满筐。这是她半生治家的积蓄，自袁世凯大头银元流通之后等于全部作废，只供我们零星取去作为玩具。（要是这筐铜钱留至今日再运往国外可能又值价了，内中也必有稀见的货币。）外婆在世最后数年间只有大豆下饭，我妈妈想着就流泪。大舅最后一次来访，妈妈给他的乃是父亲戴过的一顶旧毡帽。我至今还记得他戴着那顶旧毡帽，至街头即将转弯向我们回顾一刹那的关头面上尴尬的表情。我们也可以想见到母亲心头的滋味。

我并不是全无心肠，完全不曾感受母爱。只是天性的母子之情，总被这些环境上的因素笼罩着去了。

我还记着我第一次进住宿的学校，妈妈托人带来的一篮盐蛋与皮蛋。蛋壳早已洗净，盐蛋也曾煮熟，上有她用毛笔写着"皮"、"盐"。其实这样的标记已无必要，我见着就吃，也不分黑白，只吃得腹痛为止。倒只有多少时候以后，想及她搓糠灰、拌盐水、洗蛋壳，又在蛋壳上一笔一画写字的爱子之情。我离家的时候妈妈替我收拣行装，她亲手将我的衬衫尾插入裤中，嘴里说："要不是养育你一场，也没有这样的牵挂了。"说时眼睛润湿。我当时并没有如何地感动，也要待到以后两地隔阂，才记起如斯的细婉情节。我将考大学的日程预先写信告她。后来妹妹说，到那天上午和午后妈妈再三地说："你哥哥正在用心咯！"

抗战之后不仅我投笔从戎，弟弟也进辎重兵学校。他有次在家信里提及在某处宿营。据父亲说妈妈一听及宿营，头顶上没有房屋掩盖，立即就哭。我曾在缅甸负伤，实际是腿上轻伤，只不过裤裆被撕去一块，上面血迹斑斓。我将这卡叽裤带回作纪念。至此已事隔经年，妈妈见着仍是流泪纵横。

妈妈这一代的女性，她们的生命与前途，不由自身做主。她自小就做了外祖父教条下的牺牲品。人家的女儿已开始入学，她不得入学，人家的女儿已放足她仍是被逼裹足。以后则只有相夫教子，做传统的贤妻良母。可是传统的贤妻良母仍有她们赢得的报酬，我父亲在珍珠港事变前一月去世。他弥留时对妈妈说："我们有两个好儿子，让你去享福吧。"不料她所享之福不过起先随着我们，后来随着妹妹及妹夫南北奔波，在轮船上搭地铺，在卡车上坐车顶，在文化大革命期间吃带糠屑的配给米。她夸告邻居：她的两个儿子都可以到美国去，只因为照顾亲娘，不愿离去。其实则两个儿子都在打算盘前往美国自寻出路。他们回时只在母亲无碑的坟前怅惘徘徊。

妈妈说："我不要你们如何服侍我，只要不使我牵肠挂肚就好了。"在20年代和30年代她说的可能代表当日一般为人母者的衷心之言。

事情是这样的：湖南经过北伐的暴风后立即"清党"。不少的年轻人，不一定曾经过宣誓的手续矢志做共产党，只要参加左翼团体集会，在学校里发激烈的言论，或爱上了具有政治思想的异性，都有被拘捕和被审讯的可能。审讯时可能被屈打成招或是因言辞出入而犯重刑，十九都是死罪。我一生也不能忘记我还在上小学的那一年，一天我看到枪兵指挥街上行人回避。不一会一队士兵刺刀插在枪管上，在号兵吹冲锋号之后，高呼叫："杀！"被押解的有二十多个男女，都是一身"剪绑"，背后插有"标子"，上书"斩决共匪"某某，名字又用红笔从上到下贯穿。为首的一人还在叫着"中国共产党万岁"，但是至此已力竭声嘶。后面的几个女性，穿水红色内衣，年龄也只二十左右，也被兵士推着保持一行列间快步的距离。约二十分钟之后，他们全在长沙的"教育会坪"身首异处。

这样的惨剧也轮到我家亲戚头上。我们称为"钧舅"的向钧，是我们三舅母的弟弟。他们的母亲又是我祖母的堂妹，我们称为"五姑外婆"。她们都住乡下。钧舅判刑之前，我父亲曾往监狱探问，便中转告家人都望他自首。其实所谓"自首"，除了承认有罪之外，还要供报同党两人，让政府缉获建功。钧舅执意不从，他被枪毙之后连我们孩子们都知道了，妈妈和三舅还连通我们一齐瞒着三舅母与五姑外婆。这位老太太在火炉前烤火的时候，眼色无神。我们也不知道她内心想的是什么，总之她仍不知道已与儿子生离死别，阴阳异途，使我感触到前人所作文"生也无辜，杀之何咎"的切身之感，更不用说在执行死刑之前还要给这些男女的凌辱虐待之无心肠了。

后来我因抗战而从军之前曾在长沙《抗战日报》工作过几个月。报社的主编是田汉先生。当日我们只知道他是左翼作家，不悉他早已为共产党员。我因为《抗战日报》停刊之后与他的儿子田海男同入军校，所以称他为"田伯伯"。1942年他与他的母亲——被称为"戏剧界的母亲"的易克勤老夫人——同在桂林。我们拜访他们的时候，老太太因与母亲都曾在长沙东乡长大，是以相见甚欢。田汉已与作《渔光曲》的安娥婚外同居不为老太太所喜。安娥小姐希望承欢膝下，也不惜大艺术家的身份，即往厨房做蛋汤欢迎我们。至此我有机会与她谈天。

她说："我们如真的要出国的话，哪一个国家都可以去。"

我知道她所说非虚，不过我不相信不去的原因完全是为着"群众"。田汉可能不愿离开抗战（他曾发表一篇文字，题为《欢迎抗战的观光者林语堂先生》），但是中外都知，他虽也是大艺术家，却以"纯孝"具称。原来他家里也是极端贫寒。田老太太初往长沙时坐独轮车，堂弟推车，田汉在前以绳拉车。所以他们一家人至为接近。我也不知道靠何凭借，他们支持他上长沙师范学堂后又往日本苦读六年。田汉回国之后成为中国第一流的戏剧家，也仍不维持自己的小家庭，仍是有饭大家吃，不计家人生产，由"戏剧界的母亲"当家，任食客来往，一家有公社模样。

田汉在国民党执政期间已经坐过牢。他因曾参加左翼作家同盟而被监禁于苏州监狱。共产党主政期间他理应得意称心，而最初约十年也确是如此。但是文化大革命期间仍不免再陷缧绁。1930年他曾写过一篇称慕蒋介石的文字，说蒋确有做文天祥史可法的气派，三十余年后终被检举。而实际的罪过则是他在上海期间没有照顾日后成为毛夫人江青的蓝苹。

田伯伯最后的出处至为凄惨。他被禁于秦城监狱，有病无药可施，他最后一信给他母亲易克勤老夫人，还望她能寄些钱来。他连日咳嗽不已，同被监禁的人说起一天傍晚时分咳嗽停止，他即于当晚去世，时在1968年。弟弟田沅早已在人民解放军方面参加淮海战役，以肺炎死于战场，也曾令戏剧界的母亲田老太太流过不少眼泪。

田汉案件平反后，中共领导人为他在八宝山致奠茔葬，但是所葬也不过是一座"衣冠冢"。他的骸骨在去世时如一般罪犯的处理，早已不知去向。以彼类此，这也是我不主张恢复母亲墓碑的原因之一。

这样看来，我们遁迹海外，没有侍奉慈母，好像又情有可原了。1965年我与哈佛的杨联升教授、普林斯顿的刘子健教授同在芝加哥大学的何炳棣教授家中晚餐。饭后何唱《霸王别姬》，刘唱《四郎探母》，都是慷慨悲歌。杨即席说："我们为中国的母亲同声一哭。"

不待解释，我们知道他所说意义。这样看来我们这一代在母亲面前感到罪愆的绝不限于我们兄弟，而是成万上千了。

然则我们如何解释这段历史?我们纵用环境逼迫推卸自身的罪愆，如何作全面目的评判?尤其我动辄鼓吹历史的长期之合理性，至此如何交代?即是目下纵谈"关系"，这一段经历之重点，往何处置放?

在解答这串问题之前，我必须再渗入我家佃农的一段经历。内中也具有一节关于母亲的故事。

我们家中经过收束后的田土，分作两处。一处出租谷一百二十余石，租与一家熊姓数弟兄，他们尚拥有自己的地产，可算富农。另一块与我们的家屋贴邻，只出租谷二十八石，租与王七爷。他原来也姓黄，只是当地人习惯，"有钱人姓黄，没钱人姓王"，乡人都称他王七。

王家子女多。他们按照东佃各半的安排，每年也得谷约二十八石。虽说他在正稻季节之外也种了一些杂粮，又在侧面空地种了些红薯、花生以及蔬菜，到底收入短少，有经常濒于饥饿线上的姿态。自我记忆之所及，王七爷经常生活于忧患之中。他的儿子女儿夭折，耕牛倒死……重见迭出。最后他来长沙城里到我家央求本年减租，夜宿我家。第二天返家，死在路上茶馆里，可能因为中暑。

我家一直以为我们对王家佃农，相当仁厚。因为收成不好就减租，牛死也出钱资助成全他买牛。而尤以这次佃农去世，最大的孩子也只有十七岁，让他继续耕种没有退佃实为莫大恩德。1942年第三次长沙战役日军去后，我们因为葬父回到乡下老屋，见到王七娘。她涕泣着告诉我们，日军撤退时，曾有一队士兵来我家庄屋住夜。为首一人见到她儿子王三，才十五岁，也未问话答话，见面立即挥动军刀一劈当场杀死。

因为我父亲也刚去世，她在带哭之中又说："想他已经去服侍五老爷（我父亲）去了。……五老爷心肠好，会照顾他的。"

我听时万感交集。要是根据日后土改工作者的词语，我家已剥削他家一生一世，王七爷还在被剥削至尽头身故。可是在这里我面临着受害者的妻子，下一代佃农的母亲，她不仅对我们无恶感，还承望带着传统道德的主仆关系能够透过来世今生，继续存在。

以后我读到土改工作者的报告，他们的实地经验也和我们的想法同，最初极难鼓动村民造反。佃农不仅恐怕日后报复，而实际有很多与地主休戚相去不远，不愿恩将仇报。中共人士要竭尽各种手段，才能策动他们参与"打土豪分田地"的群众运动。因为"矫枉过正"，即不少土改工作者本人亦为之战栗。他们知道自己的父母，只不过易地而处，也必将遇到同样的遭遇。

但是在这种环境之下，为什么中共的土改竟能成功?解放军也能在内战里获胜?

我一直待第二次来到美国，重作学生，读到西方政治思想家的著作，才能获得局部的解答。

我们习俗以为的"自由"，只以为照目下状态各人自行其是，这是一种局部而肤浅的解释。真正的自由务必打破习俗上非道德的羁绊，而恢复到纯真的境界。比如说在南北战争之前有些美国之奴主，也以为自己待奴隶仁厚，实际则只在奴役他们的关头，稍微宽容。在那种情况之下虽为奴主也并没有享到真正的自由，也还是迁就于习俗，维持原状。

我们虽没有将王七一家当作奴隶看待，但是他们就业没有选择，佃农身份有同遗传，胼手胝足而衣食未周，外敌入侵得不到适当的保护，已较奴隶的身份有过无不及。远在30年代及40年代，费孝通即指出中国（大陆部分）地少人多，土地的收入已不能同时供应地主与佃农。假使没有以后的土地改革，则日后很多新兴事业不能动手。上述我家窘状，我外祖家大舅等窘状也只有每况愈下，此种情况不能算是我们自由意志下的决策。

远在18世纪法国大革命前卢梭论自由即已提出自由乃是一种高贵的品质。在他之前，洛克创"劳力价值论"，即谓上帝以全世界之资源赐给全人类。各人以自己的劳力与一部资源混合，则此部分，成为他的私人财产。即在当日内战期间，我们站在政府军的立场，也并不即是反对一切的改革，而是希望中国能统一，获得外援能将经济成效由工商业而泽润于农业，由滨海而及于内地，以缓和改造期间的痛苦。局势的发展既已证明此种奢望成为梦想，农村问题已迫不及待，并且取消地主所有，犹且不足，仍要土地国有，集体经营；集体经营不足，还要承包到户；所有行动都不可逆转，这样看来，全盘发展可以算作卢梭及黑格尔所说"公众之志愿"，至此我们也只能接受历史之仲裁了。

类似情形下，日本在麦克阿瑟督导之下执行土地改革，台湾实行"耕者有其田法案"，南韩美军将北韩军驱逐后不许地主阶级重返，也都不能逆转，也都可谓符合历史上长期的合理性。

这并不是对改造期间的残虐行动洗刷。我想任何人也无从为之洗刷。至此我们只能引证黑格尔所说，在历史中的一种大变动前，没有人能洞察其行动的实际意义，虽领导人亦不过较旁人所知略多而已。我们的观察，则是发展的过程中极难预见其牵涉之深，范围之大。一百年前张之洞已看出："今日之世变，岂特春秋所未有，抑秦汉以至元明所未有也。"他已说穿横对面前须要的改革，已是中国两千年以来之所未有。但是他仍没有想及贯彻始终，须要推翻专制，而且"中学为体，西学为用"犹且不足。其背景则在中国的革命必须通过蒋介石阶段、毛泽东阶段，至邓小平阶段方见水落石出。为什么在行动之中，很多人还要引出许多额外的残酷手段？主要原因在于他们没有见及需要改变的范围之大。他们总以为自己所能

　　　　　　　　　　　　　　黄仁宇全集·关系千万重

掌握的局面，即是一切问题的终结，所以他们用道德的名义，标榜着至善与极恶，有如司马迁之论法家"其极惨礉少恩，皆原于道德之意"。这一念之差，才在人世间造成很多额外的痛苦。我们论评历史主张多利用技术的角度将史实引长放大，也即是避免"惨礉少恩"之意。

可是纵如此，我如何能对母亲说，"妈妈，只怪你出生不凑巧，前面没有逃脱旧社会的遗毒，后面见不到新社会的光辉"呢？

1950年我在日本，弟弟在美国，妹妹也往青岛，留着母亲在湖南。在土地改革期间幸亏乡人留情，他们公认我家对付佃农虽属剥削，却无刻毒情事，所以除了房屋家具衣服和妈妈积储的金饰一并没收之外，准予放行，未作人身上的留难。从此她受我妹妹及妹夫赡养。

1952年弟弟已获得博士学位，即一意返国，妹妹也来信说妈妈在亲手造萝卜干、腊八豆，准备欢迎儿子。这时候我自己已不能回国。但是也仍在劝阻弟弟回国。从此母亲即再未与儿子见面。

她最后三年不能行动，风瘫卧床，凡洗涤饮食都赖我妹妹服侍。最后因脑溢血去世，也无人在侧，只有我外甥女返家发现姥姥已无呼吸，才传告邻居。我想她希望和儿子见一面的痴望，使她挣扎了这许多岁月。我想时不忍想，常常找其他情事推托。家琦是我的弟妇，她说我弟弟有时夜中醒来仍在哭着，他已在梦中见到妈妈。以他的习性，他不会赞同我发表这篇文字的。只是我已经写过一段中国近代史，以上这节人身经验，也是历史的见证。我不能假装着"纯孝"，或是永远藏匿着心头隐痛，而将此节史料遗弃，也将妈妈及和她同一代的母亲的牺牲抹煞。

1998年5月10日~14日《中国时报》人间副刊

露从今夜白

今年美国的劳动节落在9月2日，是这节日来得比较早的一年，本来劳动节例为九月的第一个星期一，到时西瓜不复见于超级市场，学校开课，房地产主准备交付学捐，足球健将的照片见于报章杂志的封面，年年如是。恰巧四十五年之前，亦即1946年与今年同历，劳动节也在9月2日。当年我第一次来美，正值此时，也同样地在清晨和黄昏时感到凉风拂面有夏去秋来的情调。而今年劳动节后一天，美国有名的电影导演卡波拉（Frank Capra）的讣文传来，享年九十四岁。今日的年轻人很少熟悉此公名姓。可是我们这一代在世界第二次大战前后对美国百般崇拜也受此人的影响匪浅。抚今追昔，更因着卡氏电影留下来的回忆，不期而然的感触万端，又有如隔世。

百余位中国军官赴美受训

1946年距今四十五年，今日的中年人，当时全是婴孩。当时的中年人，刻下则多已去世。所以此间的差异有如两个世界，具有了内在的原因，并非我人呜呼噫兮的吹来。

1946年，去世界第二次大战才一周年，美国尚掌握着原子弹爆炸的独家秘密。东西的冷战尚未展开，中国国共的军事冲突虽已开始，则尚有马歇尔的调停，和平并未绝望。而最重要的则是以后的坏消息有如世界上的资源可能用尽、各国的工业化产生了环球海陆空之污染、被压迫民族的解放则引起了种族间的仇恨、毒品的流通成为国际间最严重的问题之一、以前流行的病症如肺痨梅毒的被灭绝之后又有了艾滋病之出现，都是当日未曾梦想得到的。作为一个中国人，我刚在一年前亲眼看到日本的"支那派遣军"总司令冈村宁次在南京军校大礼堂签名盖章于"降书"之上，由参谋长亲手捧奉呈递于何应钦将军之前。新六军副军长舒适存将军是这典礼的设计人，看到冈村的来去就和我说："我倒以为他真是一位盖世英雄，看来只是一团老气横秋。"一年之后我自己参加了公开考试被录取参加陆军军官留美训练的集团，受保送入陆军参谋大学，也自以为少年得志，经过了八年抗战，而今苦尽甘来，对未来看出一段玫瑰色彩。

　　当日空中旅行尚未全部展开，大量人员物资的转口尚由海运。我们一百多个少年军官，以上尉、少校级的为多，包括日后任师长守金门岛的汪奉曾（现在台北）、充"国防部"作战厅长的卢福宁（现已物故）等，去参谋大学的则十人，搭乘运输舰"尚克号"（S.S.David C.Shank），自8月13日在上海虹口码头起碇。又因为美国在第二次大战期间动员了八百万男女参加武装部队，此时复员仍未终止，由上海至旧金山的道上也容易载满约两千个回美退役的官兵，所以途中也不在日本和夏威夷停留，一路航行十一天，过国际换日线又虚算一天，于8月25日抵旧金山海湾东岸的奥克兰，下榻于当地陆军营房。三日之后的一个傍晚，搭火车东行，又三夜两日之后到达了堪萨斯州所谓"雷温乌兹要塞"（Fort Leavenworth）的参谋大学校址。至此已是8月之最后一天，是为星期六。在餐厅里获悉后天乃是劳动节，全国休假，到星期二9月3日学校才正式开课。

今日人士很难想象到电视和喷射飞机尚未登场，国际贸易尚未高度展开中外之间暌隔的情形。那时候外间报纸杂志很难到手，即辗转看到早已是昨日黄花。西洋物品则只有高级华人有份。一般人很难有机会坐汽车，遑论及购买汽车领取驾驶执照。倒是美国电影则已相当普遍。即在抗战之前数年各通都大邑都有了米高梅和哥伦比亚公司（现已售与日商改名SONY）的出品登场。而大明星如贾利古柏（Gary Cooper）、罗伯泰勒（Robert Taylor）、大眼姐琼克劳馥（Joan Crowford）、笑匠劳莱与哈台（Laurel & Hardy）等都已成为了家传户晓的人物。有些尚是青年男女崇拜之对象。从这些电影所得印象即是美国整个的富丽繁华，一般人民正直合理，也都带罗曼蒂克的情调，即是南北战争期间南方军人彼此带骑士风度，都将战争当作竞技的场合看待。在男女关系上讲则电影上的孟浪仍有分寸。纵有所谓风骚女星梅蕙丝（Mae West）也不过是眉来眼去把性关系讲得令人置笑，并未动辄在镜头前宽衣解带摇摆着喘不出气来描写着情欲高亢的实况，有如今日者。

原来美国的法律"猥亵"（obscenity）属于刑事，其立法权在各州，初时尺度仍极严峻，电影也与出版物相同。直到1950年至1960年间，至少有一打左右的猥亵案件送到联邦最高法院复审，此中最大的困难在于不知如何给猥亵罪下定义。有时法官也意见分歧，甚至在判决应不过问予以开释之后，在判语之上加注此种读物影片系属下流。总之美国传统以保障个人言论自由为主，从中产生了一个只有"赤裸裸"（hard-core）的猥亵才当取缔之原则，今后执行的法度只有愈来愈松，才有今日的黄色泛滥情况。当日我们履足此邦之际，不仅性禁忌尚未解除，而好莱坞的作者与制片者尚且共同商量，订有"君子协定"（ethical code），不在电影之间挑拨种族间的仇恨、不暴露大人物之弱点、不教唆作奸犯科。所以银幕之上凡犯罪的必被拘押，恶有恶报，善有善报，无一漏网。黑白之间则泾渭分明。即是电影明星私生活已是污亵仍由各公司的公众关系人员设法保密得完好。以上各节今日看来免不得迁就做作，在当日却仍保持一种不同的社会风尚。

电影与流行歌曲同样地表现粉红色彩

又在制片时将这种理想社会的情调更为提高的则无过于前述的卡波拉。他原生于意大利之西西里岛的贫寒人户，来美之后靠着赤手空拳立业创家，于是他也有将本人周济穷困的气魄在电影中充分发挥的志向。第二次大战前他的一部影片至今尚脍炙人口，称为*Mr. Deeds Goes to Town*，中译为《富贵浮云》，我曾在天津看到。内中叙述一个浑噩少年狄兹，由贾利古柏扮饰，喜欢单独一个人吹萨克斯管，也可见得其行止古怪。事出突然之间他承继了一笔大家私，于是晋身于通都大邑，也抱着"独乐乐不若与众"和"千金散尽还复来"的宗旨，大量解囊，慷慨招待各色宾客。嫉妒他的亲戚因而借着在法庭告状，指摘狄兹此人有精神病不能治理家人产业，接手的家私，应由法庭另外指派发落。而派来和他接近的女新闻记者，也在报纸上发表他愚憨的报道，狄兹原来属意这位貌美而解情的新闻从业员，至此发觉受她的蒙骗，不觉意懒心灰，也真在法庭上表现痴呆形貌，原来这位女记者也早对此鲁男子眷慕，于是在出庭作证时将他说得死灰复燃，至此他才有如大梦初醒，开始发言，表示只是秉性不同，并非低能。在这电影里卡波拉有着充分的机会将他自己心中衷曲，借着贾利古柏和琴亚瑟（Jean Arthur）的口中道出。

另一部卡氏电影称为*It Is A Wonderful Life*，由詹姆斯·史都华（James Stewart）主演，我在雷温乌兹看到。史都华是一个小市镇间的银行家，因为他平日给一班人的贷款手头松动，一到年底，各处欠账无法收集，自己的账目因之也不能交代，甚有被逼坐牢的可能，他因之徘徊于河畔有轻生的模样。这时候上天派下一个天使，如平常一般人模样。只因为史都华困窘至极的时候，埋怨地说出他只希望自己从未投胎做人，天使乃使他看出果真如此的世间情貌。此小镇因为缺乏他所主持的贷款之周转，只是一片萧条，很多店铺也无法存在。他自己的老母也是膝下空虚，贫病交迫。而他一个矫健活泼的妻子，也只能成为一个性情酸涩的老处女，毫无丰采之可言。至此他已不能忍受，宁可收回口内的失言，愿意回到原来的生活中去，即算账目逼迫有坐牢的可能，仍是A Wonderful Life。果真回到家中虽然大雪纷飞，人间的热情恩爱，已使他觉得要比他没有出生要好得多。而且村中邻里平日受他照顾的听说他有困难，也都来宅探望襄助，所捐赠的款项，有的只一元五元，已经集腋成裘，应当使他渡过难关而有余，这一段结构简单而人本主义（humanism）性格浓厚的故事，已使我当日也是头脑简单的少年人极为感动。我自己看过两次不算，还尽量向参谋大学的教官和美国同学道说，怂恿他们也去观看。

直到多少年后我们才知道两部名片实际上构成卡波拉一生事业的最高峰。〔战时卡氏从军，任陆军上校，监制宣传品各种，内中有一影片称为《中国之战》（Battle of China），有宣扬中国战斗意识之特别用心，例如内中有中国女兵参战的情景。〕其实美国在1930年间和1940年间刚从空前的经济不景气复苏，参加欧亚两洲的战事也可以确切地说得上主持国际正义，行仁义之师。这时候乐观与公众精神洋溢，却也是事实，否则如此公众之媒体，引用上述的题材，不会如此受广泛的欢迎。所以我们固然可以算是受到卡氏宣传的诱导，也可以说是因着他的激励而感化。总之即对美国与未来的新世界只从好的方向想去看去。

与电影关系密切的，大凡当日流行歌曲同样地表现着粉红色彩。柏林（Irving Berlin）所作曲，至此影响方兴未艾。——《一个美丽的女子，就像一段乐调》，不待解释，已是罗曼蒂克的成分浓厚。即是爵士音乐，也有米勒（Glenn Miller）的《一串珍珠》，同样地多情无限。

此时摇滚乐曲尚未登场，民歌尚无今日之普遍，电台所传送的以平克劳斯贝（Bing Crosby）等人所唱的为多。每早每晚，《乳酪的天空》经常地可以听到，和以后1950年间的《晚安，艾永，晚安，艾永，我将在梦里见你》同样地风靡一时。

与美国女兵接触

话说回头，当年我们在旧金山街市上闲逛了两天。虽说只不过走马观花，已是过眼难忘。上海法租界华懋公寓有二十二层楼，虹口的百老汇大厦有三十六层楼。可是这两座高楼孤单伶立，此外整个远东，即再无突破天空的建筑。旧金山的摩天楼则是此起彼伏，前后互相呼应，又有了海湾的蓝水陪衬，已是我们生平所未见（中国黄海海岸无此情景）。而且街上的行人全部西装革履，更令人艳羡。当时我们只想到既然大家都着呢绒，则纵有贫富何伤？自然此时此刻尚没有看到各地的贫民窟，更没有想到即是在街上彳亍的人士好像虽贫亦富，而有些已受到生活的煎逼和失业的威胁，此中滋味，若非身历其境，无从体会。1946年8月，我们刚领略到可口可乐每瓶只值钱五分，空瓶放置各处，无人过问，奥克兰军营里PX的香烟，每条十包只售美金七角，已经觉得左右逢源，也已将太平洋西岸的祖国暂时置在脑后，只瞻望着早已百闻今朝一见的美国，其中各色花样尚待展开，当然无意追究其中社会的罅隙之实况。

及至登火车东行，也更是大开眼界。此时的中国，即算运兵车，我们也只有一窝蜂上去各抢座位。大概全路程中无法使用厕所，甚至无从获得饮水。而此间奥克兰的交通管理员早已替我们一百多个人订下了一百多个卧铺，谁在上铺谁在下铺，车厢号码及位置也有分配表一纸，一目了然。到时即有黑人车长开展铺盖。加州景致已在夜中过去，翌日中午已看到犹他的沙漠与盐湖。当火车尚在一所车站停憩的时候，我们看到一个金发妙龄的女子，面上修饰也打扮得入时，站在另一条支线的火车上，以水管冲刷车顶，大概当日的就业，还继续着战时女替男工的体制。只是我们东方来的少年军官初出茅庐不免大惊小怪，看得目瞪口呆。这位车顶上的小姐，觉得有人欣赏她的体貌，毫无拘束地向我们挥手示意。这时候一群中国来的鲁男子，为着传统习惯所拘束，反觉得不好意思，更不敢以手示吻，表示爱慕，竟悄悄地不识风趣地走散了。

那天傍晚时分邻车的一群女孩子穿海军制服，在前往餐车时通过我们的车厢。初时并未特别惹人注意。等到她们回车时有一个女孩子看着我阅读一本英文小说，就叫她的一位同伴不要走，也搀着她的手向前问我：

"你会说英文？"

我离不开传统的谦虚，只说："一点点。"

谁知道话头一打开，她们首先问我胸前饰带是何勋章，又要我从行囊中掏出陆海空军奖章对实物欣赏才算数，又索问要看女朋友的照片。她们也将自己男朋友的照片公开，原来这第一位女孩子胸有成竹，她又和她的女朋友说："我不是早告诉过你，这节车厢一定有趣！"

她们都是海军的辅助队，已经受过基本训练，调到东部马利兰州受特别训练。不到十分钟我们的接触带了传染性。不仅我们车厢里已满是带脂粉气的蓝色哔叽制服，她们也抓着邀着穿黄色咔叽布的中国制服一同到她们的车厢里去。她们当然想在半个钟头之内，学习到全部东方的情事，我们却逼迫着她们教我们美国俚语。她们的带队军官乃是一位中年女性,官居中尉,也不便下逐客令,只过来叮咛我们:"我们已进入科罗拉多,此地的山岳时区,已是十一点了。"等她刚离开我们不到三个座位之遥,在我近旁的一位女孩子即说:"不要听她的!"

直到午夜时分才由我们队里向以"顽童"具称的阮幼志(失去联络不知何往)领队唱《晚安小姐们》,也算是符合情景。我们仍是余兴未止,还约定明晨清早再作聚会。也不知道一觉睡来,她们的车厢早已在夜中挂入另一列车和我们分手,翌晨邻车已非美国海军辅助队,而为一般乘客,至此我们也不免觉得意态怏怏。

这样子我们的军事训练尚未展开,在1946年的劳动节前,已算上过了美国实地经验的第一堂课。

1991年10月28日《中国时报》人间副刊

从烤面包说起

1946年至1947年雷温乌兹之正规班的第一学期全班不分科，自劳动节至圣诞，讲授诸兵种合同的战术与经理，从团营向上而提及师和兵团，注重当时可能发生的各种问题。此中千头万绪不能毫无组织结构；也不能全部抄袭某一部队的经验，而将其他角落置之不顾。其折衷的办法乃是采用两个极大规模之"设想情况"（scenario）。第一个情况我们也可以称之为"法国设想情况"，乃是根据盟军自诺曼底登陆之后的实际经验。当初集中兵力自滩头堡从北向南攻。及至"圣罗突破"（st.Lo Break- through）之后，才移师转向东北，以巴黎及后面之国境为目标。在这扇形展开时，由西南至东北有两条大道：一是由吕曼（Le Mans）至沙特（Chartres），一是由托敖（Tours）至奥良（Orleans）。大概这地区道路良好地势平坦，占领区域的人民乐于解放，此乃都有利于大兵团之运用。另一设想情况也系根据实际之作战计划，只是尚未付诸实施。原来美军于1944年光复菲律宾群岛之后，如无日本之投降，准备于1945年年底之前攻占台湾，并在中国大陆沿岸获得支撑点，以保持侧翼之安全，即于1946年之冬季，进攻九州。其全部计划称为"九州设想"（Kyushu Scenario），其初步目标在夺取鹿儿岛之港口，阻塞其东岸，整备向熊本进兵。此间情形与在法国的条件成为一个对照，即是易守难攻。所以不仅战法不同，有关补给后勤诸事也大相径庭。学员有了这两种不同的经验和设想，已对两处战场和全盘战略有了一个大轮廓，然后在整个局面之中抽出局部作战与经理的各项问题，让有特殊经验的教官各自发挥其所长。

在这上学的过程中我们中国学员的首一印象无非是美国资源之丰富。我虽在战时于役驻印军在印缅战场上对美军有了初浅的认识，此时全面目展开仍是令人大开眼界。例如空军之战术轰炸可以全由地面上协定，有同炮兵（可是其效率极难维持）。而步兵师火力之强，也使我们耳目一新，此时一〇五之加农炮和一五五之榴弹炮，射程十五英里，全是美军标准武器。则一个步兵师之建制有了这样的炮兵三营，其步炮比率已是三比一。再加以后面之军团炮兵和其他更大口径之重炮与高射炮（高射炮可以在地面平射，对付战车更为有效）和形同战车之自动炮架，其比率甚可能超过二比一而接近于一比一。再加以配属工兵种类之多，也使我们叹为观止，有如战斗工兵（爆破敌人工事）、战斗支援工兵（清扫地雷设立障碍）、服务工兵（架桥修路），无不技有专长，各具有特殊之装备与训练。这和我们穿草鞋打赤脚带遮阳纸伞的步兵相较，已经有了两个世纪之距离。而且其后方有汽车修理连、洗衣连与烤面包排更是闻所未闻。

我曾有一个朋友之前在五角大厦的参谋本部工作，最会"摆龙门阵"。他一天和我说起："黄，你想知道这烤面包排之由来吗？让我告诉你。起先第一次大战大家都在战壕里一待即是好几个月。战事结束大家都说不要忘记了这烤面包的重要。当时即特种部队的最小单位仍是营。有人建议以一营五六百人去烤面包未免太多，于是先成立一连试看情形。殊不知面粉只这样一撮撮（以手示意），烤成面包竟有如许之长之大（两臂伸开）。一连人焙烤的面包不仅无适当的交通工具输送，甚至无处堆放。这样才决定只成立一个Quarter-master Baking Platoon……"

我也不知道此是确有其事，还是由于他奥康纳中校杜撰。总之则可见得当日五角大厦"行有余力"，已经筹备了纸盒铁罐的战地给养不算，还能顾虑到新鲜面包自焙自烤。

及至第二学期我们分科，我因为阶级特低，只被派往"人事系"（School of Personnel）。当初大失所望，满以为人事涉及升官降级内调外派之琐事，只是书记杂役，唯有作战系才是储备将才的地方。可是新年之后只一礼拜，这样的观念即已冰释。

此也不是"吃不到葡萄则谓葡萄酸"。在"作战"的大范围之下最重要的无非各种兵器性能及因之而成立的混合部队之战术。我们在第一学期对前者已获得其大概，而后者总离不开公用之基本原理原则。比如说，这时候步兵师以三个步兵团为基干组成，已为全世界各种军队共同之趋势，亦即所谓"三角师"（triangular division）是也。其展开作战时，通常梯次配置。纵使以两个团平行展开也必一翼为主力一翼为辅助，而第三个团或其一部则为策应。这样的配备既与中国传统之"正"、"奇"、"合"的原则相符，也和戚继光兵书所谓"起"、"当"、"止"的节奏一致。我在雷温乌兹看到教官在图上如此区分时又不禁想起戏剧家田汉告诉我的一段故事。

张发奎将军在1920年间所部称"铁军"，战无不胜。他却告诉田汉："我作起战来，只有一种部署：总之就是叶挺任先锋、贺龙打包抄、黄琪翔为预备队。你也用不着问我何以成为铁军不铁军，总而言之，除此之外我就再没有另一种办法。"按其实铁军领导人至此将三角师的基本秘诀一语道破。至于何以旁人不能如是成功而独有他称雄于一时，另有关键在，此是后话，现在仍回头再叙美国参大的教学。其三部曲的数术既如此，其他的原则如集中兵力（concentration）、出敌不意（surprise）也如此。只是沿用战术上至当的行动，很少能独创新格。

情报系既不接收外国学员，则美军参谋作业之精彩之处而且值得外国学员专注之处，尚在后勤和人事。原来他们历来之筹备，绝对注重统计数字。提及补给时不仅要涉及物品之重量，也要考究其容积，再要视察弹药汽油与食品成适当比例屯集装运。如果在敌境作战时，其港口的吞吐量和海滩上屯量全要详细核算，使用公路桥梁时则要计算各兵种的本身之速率，才能区分其通过的先后次序。又如部队攻坚时，第一天部队一千人中死伤多少，第二天又续有多少，内中又有多少人只需在战场上裹伤，内中如何的公数则须至后方住院，住院多久，甚至战场上脱队的逃兵数（stragglers）也早已根据第二次大战之经历，编成手册，为野战军的参谋和参谋本部的人员之日用参考。

我们一般的观感总以为美军后勤完善在二次大战时奏效匪浅，可是，他们的内行人，并不如是的着想。有如诺曼底，登陆成功之后，社堡（cherbourg）不能及时占领整备利用使战局迟滞。而尤以巴黎解放之后，未能立即将比利时之安特卫普（Antwerp）港口开放使用，最为贻误战机。事后检讨已有人指出若非如此巴顿将军甚可能于秋季直趋柏林，战事可以缩短半年，战后美苏关系也会不同。后来在五角大厦主持补给的一位高级人员来参校演讲也就公然承认此说非虚。他说："要是我们做事稍微伶俐一点，a little smarter，这样的机缘可能被我们掌握。"

大概也因为如此，九州设想里对这港口的利用极为注意。我们有几次的参谋作业和小考，都以鹿儿港为题材，学员计算着 D+7 和 D+30 的吞吐吨位，亦即是登陆后一星期和一个月码头上每天能卸载军火与军需的数量。

雷温乌兹之所谓"人事"，固然也包括着升降调派，我们课程之内也提及心理学，士兵入伍也有智能测验。此外凡是勋奖、娱乐、给假、伤病、军邮各节有关士气之项目，无不经过讨论。参校教员之内即有两位军中牧师讲解军中做礼拜祈祷送葬各事宜。内中有一位系天主教神父，即系主任亦不以职衔称之为"朗里少校"，而总是"Father"不离。

在这些方面可见得尽其可能，美军仍在遵守社会习惯与人本主义。

可是在参谋业务上讲，"人事"实包括"整批的军用人力"（military manpower in bulk）。我们刚一分科，系主任训话，即提到："绅士们Gentlemen"，我们的工作乃是"将哲学博士训练成为上等兵（make PFC's out of Ph.D's）"。亦即自相嘲弄，将人事颠倒，大才小用。大概第二次大战时，美国人口一亿七千五百万，陆海军已动员男女八百万（当时空军尚未独立），五角大厦的参谋本部已经觉得"快要搜括人力桶子的底层了（about to reach the bottom of the manpower barrel）"。所以一方面要经济使用，一方面又要早日将战事结束，愈快愈好，顾不得各个人间的处处公平合理。又在刚分科后，我们常听到参校的教员与同学提及"白里克先生"，初时实不知何所指，后来打听明白才知道Mr.Brick实为"砖头"，亦即我们将人员整批分配处理时，假设每个人都有同等的能力与耐性，也就是每块砖头都是四角平正，同一厚度，可以供我们在筹算时构成墙壁与建筑物的基本原料。

把人当作砖头不算，我们更抽象地假设军用人力为液体。美军此时的人力补充称为"油管制（pipeline）"。其办法乃是将有关新兵的各种站处，如入伍营、区分站、基本训练处、特技所、出国港口（port of embarkation）以及在国外战场后之补充兵待命处等等机构，连锁的构成一条大"油管"。此时军用人力封闭在内，又具有内在之压力，即前后相继的自动向前供应。前方部队需要补充时只须掀开油管，则训练合格及具有各种技能之人员已如数到场。从此各战略单位（如师）不必调至后方整补，其数目可以减少，火力与器械亦无闲置不用之耗费。即使其人员需要休憩，也可以使其轮流各自出入战场，而无整个部队占用交通工具前后输送之繁费。当然此油管本身成为一种机构，问题甚多，这也是雷温乌兹要塞人事系经常提及"白里克先生"之一大主因，只是不过又将液体解释而为固体而已。

1947年美国在第二次大战的复员业已完成，人事参谋又要注意下次动员的筹备。当时的想法是所谓"二·五预计"，即如何动员二百五十万人。部队登陆的日期为D日，动员令开始之日则为M日，所以M+60等日期成为我们思量的题目，这当中包括征兵入伍、预备役人员转为现役、各州之州卫兵提升而为联邦之国军、指派新成立部队之干部、设立各种人事站处等等工作。因为如此，我在参大毕业之后，回国派至国防部第五厅服务，被同事称为"动员专家"。

其实第五厅的前身各为抗战期间的军令部和军政部之各一部，此时的职掌为部队之编制训练。各同事手持算盘，计算员额。他们所做事也可以算是动员，不过军队乃是社会之产物也反映其作风。美国是一个高度现代化的国家，当中各种因素都能互相交换，互相替代，所以动员起来，可以全部筹谋共同支配。国防部第五厅的参谋则或管正规部队或管杂牌部队，首先即须注意各单位之历史及其部队长与统帅部之人身关系（这才是中国所谓之人事），有些尚是鞭长莫及。有如此时国防部名义上尚且控制宁夏甘肃马鸿逵与马步芳之骑兵师与骑兵军，实际上则南京除了须发番号给予津贴之外尚少了解其实际情形，遑论及干预其内部之行政。况且即是其力之所及的各方面，也只是适应目下一时情形，无从注意其细节。例如七十一军，也算"中央嫡系"，抗战之后曾驻上海近郊，在派赴东北作战之前，曾吸收汪精卫所部"伪军"，这当然与以后该军作战之效率有极大关系。只是此事由参谋总长及其幕僚做主，至于其人员如何分配，多余之军官作何区处，更不是国防部之参谋人员可能根据经典从旁指示之业务。

1946年国军接受马歇尔的建议准备采取精兵主义将全国陆军缩编为九十个师。如此计划完成，我在雷温乌兹之所学还有若干实用之处。及至出国一年之后，内战已全面展开，这时候国军只将一切罄其所有的投付战场，早已无力敷设油管，当然谈不上更革制度，提高效率。我这个速成的专家也只能在国防部翻译一些美军所用之程序标准（Standard Operating Procedure，简称SOP）备供咨询，算是赚得我月入约值美金二十元之薪饷，此外D-Day和M日，已不与实际情形发生关系了。

1991年12月13日《中国时报》人间副刊

雷温乌兹要塞

美国所谓要塞，十分之九为历史产物，只在开国初年和前期具有战略价值，今日一般为兵营或训练的场所。雷温乌兹要塞（Fort Leavenworth）也是如此。它创设于19世纪初年，有雷温乌兹上校率兵维持从美国中西部至西南圣大菲（Santa Fe）驰道的安全。他就在密苏里河畔西岸当日驿车来往之处设栅造寨，作为供应补给的中心，所有防御性质的设备亦不过对付红种人的部落之来袭着眼。所以我们在1946年8月底初来此处时看不到任何城楼碉堡，深为诧异。后来问明仔细，才知道沿密苏里河畔的山上，还有遗留的旧式火炮数门，至此已被当作古迹看待。要塞不过是沿用旧时名号并无相对的实质。

可是雷要塞虽不驻重兵，却有陆军监狱一处，美国人称之为"纪律营房"（disciplinary barracks），大概在19世纪此地有等于中原文物的边际，用囚人实边，也是中外相同，有如"派发至边瘴区充军"。所以此间的纪律营房不说，另有联邦监狱一处和堪萨斯州监狱一所，视拘禁的人所犯的法律不同而定。40年代，我们不时遇到美国朋友的揶揄。如果我们说曾在雷温乌兹要塞居留耽搁一段时期，对方可能装腔作势地问：

"雷温乌兹的哪一部分？"（What part of Leavenworth?）

其实堪萨斯州在20世纪早已不是蛮荒边境，这些监狱也和雷温乌兹市远隔。只有陆军参谋大学，才与这小市镇分庭抗礼。而且美国的其他的军事区域如训练步兵的本宁要塞（For Ben-ning）和训练炮兵的西尔要塞（Fort Sill）都离不开兵营体制：木制平房成为标准的建筑，卡车来去，飞尘扑鼻，随处有宪兵指挥交通，各色各样的指路标帜触目即是：参谋大学无此迹象，只有一片温文雅静，即是学员与教职员所分配的宿舍也视有无家眷分别为单独的住宅和公寓。街中除间或有服勤务之士兵打扫清洁之外，无部队来往，一般情形与今日很多小型大学极为相似。

参谋学校创立于美国内战之后（创立人即是小说《飘》中提及焚烧饿狼陀并且纵兵搜掠乔治亚的谢尔曼将军），在第二次世界大战期间对统一陆军的战法和经理补给的程序作了实质上的贡献。史迪威的文件中即不时提及雷温乌兹。只是战时的速成班只两个半月。战后又再度提升更名为陆军指挥与参谋大学（Army Command and General Staff College）。我们在1946年秋季报到时，是为正规班之第一期，在学期间九个月。当日学校的便览称，参大之目的在训练师级以上的指挥官和参谋人员。在开学典礼时主持教育的副校长狄恩少将（William F.Dean）即席宣布：美国陆军上将之中只有一人例外，其他全系参大毕业生。此特殊人物乃是麦克阿瑟，他虽未曾在参大毕业却曾任教官两年。

参大正规班第一期有学员三百余人，除了五十多个外国学员代表着二十多个与美国结盟的国家之外，其他全系美国军官，以中校级占绝大多数，很少上校和少校。大概他们来此之前已经经过一度选拔，毕业之后可望不久升级为上校，任师参谋长和作战课长等职。学员中阶级最高的为英国之一旅长〔英国旅长（brigadier）非将官，与美国准将（brigadier general）不同〕。尉级学员全班只七人，全系外国军官，内中、法、荷，及智利各有上尉一人。中国学员在南京出发时奉命在出国期间一律降二级。我那时官居少校，至此与另一少校徐应芬屈居中尉与海地之一黑人中尉为全班之最资深者。当局的设想非如此不足以表示国军官阶严谨，其实这办法既不必要，而且与参大体制不符，只增加我们就学期间的尴尬。

在雷温乌兹期间，中国学员除了间常被美国教官邀往家中晚餐之外，极少社交生活。校园之内既全系教官及同学之眷属，亦无从觅得异性朋友。我们刚入学三星期，有一位中国同学晚间和一位未成年之少女在户外邂逅，被巡视的宪兵发觉将姓名列入报告之中，立时风传至华盛顿，中国驻美武官当即派员来参校，也未调查事实真相，询及此人在此场合下是否有为非引诱之动机，也不由辩说，只是勒令退学遣送回国。经过此段风波，我们无不引以为戒。此外我们只能于周末至堪萨斯城与只身之女性喝酒跳舞，在这情形"高不成低不就"，也无从产生罗曼蒂克情事。另一实际之困难则是阮囊羞涩。我们每月的生活费只美金一百二十元，同学共认"自中国军官有留学生以来未曾有如是待遇之苛刻者"。再加上学校功课忙迫，也使我们无从淘气滋事。参校每日授课五小时，但是学员应预备之读物，即美国军官也称有时非读至夜深莫办。而且上课时任何时间都可以由教官无预告地提出临时小考。我们最讨厌教军医的教官，他们动不动将全本带技术性质之小册子指定为预备读物，勒令从头到尾看过。我自己既感到校课的紧张，看到好几位菲律宾同学态度潇洒，就问他们如何能将指定读物全部看完。他们当中有一位即据实说：

"我们每晚读到八点钟，到那时候看完与否不论，我们总是掩卷去看电影。"当日电视尚未登场，校园之内的电影院入场券仅美金二角，每三日即有新片登场。而且菲律宾在战后正式脱离美国而独立，这些同学正抱怨独立之后无一好事，首先即被停止同美军的待遇，自是士气消沉，也更对校课不能专注地感到兴趣。

更带着滥竽充数的态度者乃是南美洲各国的军官，当中有好几位年齿已长，也不习英文，上课时另有通西班牙语的译员在旁指教，此中成效如何看来甚为可疑。他们的考卷也和我们的不同。我们听说美国同学最低，也有月入四百元，而且公家供给各种便宜，已经感到艳羡，而南美和中美的学员有的月入在千元以上，在1940年间，可算是极尽奢华，怪不得他们常在校园之外生事。后来我在1950年间再度来美时，听说当中若干人已为各该国高级将领甚至为政府之首要。

参大学员三百多人，教职员倒有一百多人。大多数教官与学员阶级相埒。他们成为先生，并不是因为年资深，而是在第二次大战期间所管职务各有专长，不论讲授高射炮和轻战车搜索的教官都在战场上有实地经验，而且收集逃兵，被敌人俘虏时如何脱逃也成为特别题材，有专人讲授。甚至军中参与妇女辅助队（WAC'S）所产生的问题也由一位女教官讲授，她并且提到花柳病及怀妊等问题。从这些方面看来，美国人对中国人凭借着官僚主义凡事只顾外表门面的作风肆意攻击可算在心理上具有内在的原因。前述高射炮教官即讲到二次大战期间因为部队间通信不确实，美国曾在西西里岛上空击落自己的飞机十余架。教授军政府的教官已经对日本人的效率出言称赞，他说及占领军所派往日本各县之监视小组常常发现日本人在进行做某项事，他们即问何以如此，对方答称乃是奉有贵方上峰的指令。大概占领军的公文，由麦帅总部（驻东京）经过第八军司令部（驻横滨）下达各处监视小组需历时一星期，而日本内阁将同一公文转至下方则不出二十四小时。

教官之充分的时间准备也出于我们以前意料之外。我后来与一位教官熟识，他就告诉我，凡讲授一小时已预算准备之时间八十小时，所有讲稿都全部写出也经过预习。参大有特别之图书馆收藏各种参考资料，也有专门设计绘制讲坛之后各色图表之美术室。后者在今日已在各大学司空见惯，在当日却仍不可多见。我们全班三百多人，在分科之前统统在一大讲厅授课。每个学员占用之台桌横宽五尺，以便展读地图。凡讲课及答问均用扩音器，室内扩音机之传话器无乃三四十座，所以讲座有戏台之色彩。每一教官上台，即有军士持着此人名氏之牌匾，字高一尺，挂在讲座之左。因为每一课目总是设想在某种情况之下所产生之各项问题，有时对付此一问题之专家，讲说不过半小时或十五分钟。教官既鱼贯出入，名牌也随着更换。讲坛之后布幔揭开后之图表也都是硕大无朋，粘贴于有小轮推转之木板之上，早已于先一日按次序摆布妥当。掌管这一切勤务之职员，称为"课堂监督"（Course Director）。官居上校，有玻璃窗间隔之小室在厅后视察，手下也有男女军士一二十人奔走协助。看来所有工作都已预先分配妥当。即是某一小时内有预排的临时小考，也可以在临时三两分钟内观测得到，因为教官之演讲业已告一段落，厅后之女军士数人，一字横立手中各持试卷一叠，按时出现，只待候命分发。在此就学的九个月间，我从未见课堂监督需临时指划某人应做某事者。我们的课堂监督范忽力上校（John van Vliet）如被聘为舞台监督必能毫无差错，胜任愉快。

在这种气氛之下，也有些教官故意在讲授之间加入令人取笑的成分。有一个教官即在应当分发讲义时（讲义必在需阅读的几分钟之内分发）下令"分发薄棉纸"，原来英文念来是Issue the tissues，只三字也能押韵。不过并非所有的学员都能欣赏如此之作风。有些同学就评论讲课而装小丑，不免轻佻。美国军队研究敌情时不主观地先决定"敌方之企图"，而先列下一条长单，条叙敌方"可能之能力"。这观念由四个教官以话剧的方式表演得明白。讲解之后，讲坛上的师长就命令他的情报课长判断敌方之能力。这位课长对着地图上敌我距离量着又量，又望着自己的手表装聋作哑地看了又看，忽一下子恍然大悟，敌人"可能的"于此时此刻此分驾临此城此地此处。他说完和师长拔步就逃，而真有两个扮德军的士兵在台上另一方搜索前来。我们捧腹大笑之余，却从此忘不了不要忽视敌军可能采取的行动这一概念。及至今日四十五年之后，我仍没有忘却这喜剧情节。（要是日军轰炸珍珠港之前美方有此警觉性就好了。）

我们的分科为"人事"、"情报"、"作战"与"后勤"四科。可是在分科之前的第一学期是共同的诸兵种协同之战术，由步兵炮兵工兵团之战术及供应而师而兵团（army corps，是为中国之军）而军（Army，是为中国之集团军）。分科之后一个半学期各就专修。只有情报科专供美国学员入学，虽盟军不能染指。最后的四星期往各州营房参观演习之后，又将全年所学综合一次才发文凭毕业。外国学员的成绩也另报告于各盟国之参谋本部。校长哲乐中将（Leonard T.Gerow）是美国陆军中有名的智多星，曾在五角大厦主持各项计划，最后在欧洲战场任第十五军军长。他只在我们讲授军战术之前在讲坛上演讲半小时，这也是他分内之专长。他就着重军之行动，有如在一周之内将堪萨斯城之人口（当时约五十万）在敌人阻挠之下全部迁移于圣路易城（约二百五十英里）。也可见得问题之复杂与庞大。如此具体的描写也是给人印象深刻。

我们的课业可算得将美军在第二次大战中的经验综合整理，前已提及。可是即在当时，各教官已经觉悟到今后战争的方式因有核弹飞弹及其他科技的进展，又可能整个翻新。然则却又无法预测来日陆军之形貌。所以只好在下结论时，对未来之发展，带保留态度。只有一次在全班讨论时，有一位同学预言将来之运输机可能载重五十至一百吨，因之整个兵团及师可能迅速的空运。当日听来尚带未来之色彩，而今日已成事实。又另有一次有一个同学谈及原子弹之杀伤半径为普通炮弹之七倍。以平方计则七七四十九，所以未来部队在战场之上疏散程度，应为第二次大战时之五十倍左右。这种提议虽合逻辑却无从付诸实施。凡此只表现班中教师及同学对未来之揣测。大概新武器之出现与战术及军队之经理方式重重相因，所以我人之所学除了最基本的原则之外，其他技术部分一般早已成为昨日黄花。1947年夏季毕业之正规第一期学员以后尚留在军中者，数年之后必回雷温乌兹进"再修班"的短期训练，才能保持所学之合于时用。可是这已不复是命运给我的安排和选择了。

1992年1月10日《中时晚报》时代副刊

东安街六〇六号

东安街六〇六号（606 East Ann Street）是我在安亚堡的地址。我在1952至1957年在这家赁客的屋子里住了五年。每次我将污秽衬衫送到自由街（Liberty Street）的洗衣店的时候，老板娘已不待吩咐，她一面写收据，一面又唱着：

"606 East Ann"，有一次她还加上诠释："旁的人都搬家，只有你老住在这地方。"

其所以如此乃是我无家可迁。

美国学生要不是暑假返家，则是在旁的地方找到短期工作或上暑期学校，秋间再觅新居。我去密大的时候，起先只取得旅游签证，依法不得工作。后来改变身份取得绿卡，找得的工作却是五十英里外底特律的一家建筑公司画蓝图。在我得到硕士学位之前，每星期二、四往底特律上班，其他各日做学生，上班时来去有合伙汽车（car pool），至此也无搬家的必要。于是安土重迁，光阴荏苒，不觉就是五年。我搬进这屋子的时候三十四岁，五年之后已经三十有九，实在已感受时间逼迫之可怕了。

可是事后忖来：这段生活之中仍不乏有趣的场面。

1952年是我第二次来美。1946至1947年间我已经在堪萨斯州的陆军参谋大学住过一年。不过当初穿制服、住营房，与外界隔绝。这次来时在学士班大三读起，实际混插入美国社会。密大的选课指导，知道我准备长久居留美国，特别关注我尽可能地选上大一几门基本功课，有如英文作文，美国政治制度从县政府组织各州宪法开始，这确是明智之决策。只是如此我经常坐在年龄大致只有我一半的同学面前，看到他们和她们真是黄发垂髫，脸颊红圆圆的，眼睛亮晶晶的觉得大不自在。

1950年间美国民族间成见未除，南方各州饮水喷泉和汽车候车室都仍有黑白之区别。可是在北方各州，尤其在安亚堡这样得风气之先的地方，黑白混同，已毫无疑问。另一方面则是同等机会法案尚是以后十多年至二十年之事。密大的黑人或黄色人种的教职员尚是绝无仅有，即班内的同学有色人种最多亦不过三数人。只有足球队每年往南部招募新兵，所有全卫中卫多系黑人，取其跑步之快。除此之外其他球员尚是白人，没有今日在体育竞赛中处处黑人或占先或包办的形态。

一般按部就班上学的学生多住宿舍，僦屋而居的学生大概都有特别原因。我的房间在楼上。同房诺门，祖先法国人，来自麻省，攻读生物化学的博士班，课余在大餐厅做侍者。隔房亚瑟，希腊人，也是第二代移民，他是统计学的研究生。彼德大三音乐系，胸襟宽厚，我们觉得他唱《老人大河》（*Old Man River*），大有成为职业音乐家卖座的可能。只有约翰不苟言笑，不和我们来往，成日K书。要是我们在房里吵嚷得厉害他即挟书去图书馆K。楼下是房东菲史一家自用，只有一间房间出租。住客大卫·林也是华裔，但是他来自新加坡。他不讲普通话，我不懂福建话，所以我们只能以英语交谈。起先我们没有料及，日后只有他在各人之先一举成名。成名的原因却为离谱，此是后话。

成人一做学生，上只受名义上的督导，下无责任，总是淘气顽皮。国军军校的高级班补训杂牌将领，各区队长队附（中下级军官）说及，他们所辖学员，虽任军长师长，一旦编入行列，也无不返老还童，总是笑脸嬉皮。诺门、亚瑟等虽比我年轻，至此也各逼近三十。上课备考之外无事一身轻，乃经常弄恶作剧。

有一次诺门把他解剖过的死老鼠摆在我的午餐纸袋里。我一气之下将他的打字机藏匿在房东太太的储藏室里，让他在急于赶交专题的时候找不到打字机。这还是韩战期间，也是麦卡锡以共产党的红帽子戴在各人头上的时候，诺门和亚瑟说我已近中年，还在研究美国地方政府的组织，必为中共派来的间谍无疑。通常诺门做侍者下班迟时我们托他在街上带回各样小食，也有时他来电话询问要不要带。他给我电话时，总是变更音调，装腔作势地说："这是联邦调查局FBI。"几经如此，我们也不以为意。不料一日真的联邦调查局要来住处询问我，他开口也说："这是FBI。"

我只以为这是诺门的顽意。于是带笑地说："诺门，这次你真的扮得好，我建议你去好莱坞演电影。"

对方还在否认他在开玩笑。我虽然已听出不是诺门，还是不信为真，只说："不管你是谁，你真的装扮得妙。"这位联邦侦探没有旁的办法，只好念着档案上我出生年月日和父母姓名，这才使我相信确系弄假成真。幸亏以后他亲来访问只涉及我曾任职于东京一家进出口公司的关系（这家公司曾与大陆做生意），无关大局。只是使我吃了一惊。事后埋怨诺门与亚瑟，怪他们以政治关系开玩笑。

可是毫无用场。有时他们也称我为柴那门（Chinaman）、毛派（Maoist）、"中国之自由公民"（Free People of China），我一提及我曾在国民党的军队里任下级军官，他们又说我属于"蒋家帮派"（Chiang Kai-shek junket），必定钱多（loaded）。和他们辩论无益，只有替他们取小名以作对抗。

圣诞节刚要来临，贴邻的门前装饰一对木质大蜡烛，上装电灯泡有如火焰。我们经过门前的时候，林提议："让我们摘下他的灯泡。"

诺门说："把它整个搬过来。"（Let's take the whole thing.）

于是我们七手八脚，把假蜡烛的电源截断，将一对全部搬过来，安装在六〇六号门前。又找到一条电线，接通电源插座，使门前光照着辉煌。亚瑟说："这一套来得好，我好久没有过。"（This is a good one, I haven't had it for a long time.）又经过一昼夜之后，邻居先生才发觉门前的装饰不翼而飞，只离原处不过十码，他虽然带笑地取回物归原主，却也告诉菲史太太，他们几乎报警，如果一经过警察局则成刑事。

看来东安街六〇六号是外国学生学习美国俚语的良好场所。以上如是开玩笑或做事没有实际的目的为"只跳一跳"（Just for the kicks.）。睡觉乃是"倒进袋子上去"（Hit the sack.）。洗手间称为"屎屋子"（shit-house）。我们同屋之人每隔数天必听到彼德以他的宏大肺量叫着："这是谁?把屎屋子熏得臭气冲天! 一定是肠肺都烂透了!（rotten to the core）"我就告诉他：我们中国人也有一段粗俗的俚语，是为"自屎不嫌臭"。

又直到以后我在暑假做小工才知道美国工头（foremen）很少会严辞厉色地责备下属，即有警告申斥，也以笑谑的方式让场面轻松。如此看来，由来已久，与我们做学生时的习惯相贯通。

我所说的无种族成见乃是指对公众权力上不分轩轾，并不是私人爱好之下也与肤色无关。因为亚瑟老呼我为"柴那门"，我也称他"希腊佬"。殊不知在安亚堡，希腊佬（Greek）有两重意义：一指男生之加入兄弟会和女生之加入姊妹会，各会以希腊字母为名，是以为"做希腊人"（go Greek）。一又泛称自地中海沿岸而来肤色较棕黑的移民，也不问其祖籍（其实真正的希腊人仍不乏金发碧眼之男女）。尤其安亚堡有好几家小餐馆希腊老板自任厨司又兼侍者，所以称人希腊佬至此又有轻蔑之意。

亚瑟有一天走进我的房间和我说："我不计较你在屋子里称我希腊佬，不过不要在外面也这样喊叫，好吗？"

我反驳他："那你为什么柴那门不离口，又动辄称我毛派蒋派呢？"

原来亚瑟拼命想找女朋友，结果到处碰钉子。他不嫌自己矮小而丑，又过于吝啬，而只怪人家人种歧视，他至此已对外自称爱尔兰人。有时他照镜子，又自问："我不是很像爱尔兰人吗？"

诺门将他的镜子抢过来，又用手指整理自己的头发，也顾镜自怜地说："看这个漂亮小子！"

我们虽不乐意于他的自吹自擂，心里倒有数：诺门身长六英尺，头发鬈曲而带深色的棕红，背脊挺直，脸上和身上没有一盎司多余的肥肉，眼睛明快，面颊有酒窝，又经常带着那样令人迷惑的微笑，确是女人欣慕之对象。我和他并肩在街上步行的时候，看到年轻女人横扫过来眼光之多，只能暗自心服：他实在是一个有征服力量的妙龄少男。

像安亚堡这样的大学城市充满着年轻男女，到处都有性的迷惑和吸引力。环顾左右，无处不有眉目传情的景色。教室里讲的是性与卫生。性的分析，也透过了心理学和社会学的角度。凡一沾上文学与美术，饮食男女诚然是无法避免的题材。何况外间的电影舞台、报纸杂志全在鼓吹"利比多"（libido）。历史上安亚堡尚是"抢亵裤运动"（panty raid）的发祥地。

我为了日后为自己的书刊绘图，曾去艺术系选了一门人体写生的课。班中的模特儿全是男女同学，女子一丝不挂不说，男子也只多了裤裆下一面三角小巾，我们在画图时专心一志画图，每至一小时休息十分钟时，男模特儿总是被爱慕的女同学围绕。他们的身体也实是健美。及至回教室时他们的胸前肋下总是沾挂着口红的痕迹。此全系欣慕他们的女同学在走廊里当众颁发的褒奖状。

我在"非礼勿视"的儒家教条之下束发受教长大，除了电影之外，从来没有在真人实事的场合中，面睹如是男女之情欲可能百无禁忌地当众披露，有时不免感觉大不自在，不知如何这畏怯之情也给亚瑟看出。他问我：

"为什么不让你自己的情欲（lust）发扬一下子呢？找不到打伙的对手（date）吗？"

我老实告诉他，生为中国人，我有我的自尊感，不愿平白被人拒绝。

"怕被人拒绝！"亚瑟自身说法地解释，也带轻蔑反抗的声调："我和你的看法不同。人家拒绝我；我也拒绝人家。凡是没有经过我询问邀请的女子，也是被我不受理（reject）之人。你直想一想：这样的女人有多少？"

原来面皮厚的自有其厚黑哲学。他见着我疑难的表情又添着说："给这班女崽一个机会！（Give those wenches a chance！）"

我的羞怯之情未被亚瑟·加干拉司劝说而消失。一到春天草木迎风，百卉争妍，安亚堡的女人以袒胸露腿的轻装出现，我们在域外做苦行僧，确实不大好受。这时代还没有以东方女人做广告上之模特儿的办法，凡是公众媒体总在宣扬白种女人之美。我们当然深受这广告心理学的摆布，即是一个相貌平庸的女孩子看来也有她的特色。而真具特色的更是仙女下凡了。有几次夜间诺门说他看书不能专心，他披上夹克，准备上街遛一阵子，让女人"捡拾"（pick up）。这更只让我和大卫·林嫉妒艳羡。

直到后来我和林加入卫理公会教堂的学生合作社，才逐渐将这苦行僧的身份消失放弃。合作社由教堂供给厨房餐室水电。会员男女学生都有，轮流充任厨司、买办、洗碗碟等工作。午餐只付费五角，晚餐一元。要在这情景之下才能和异性熟识，要在饭后喝咖啡的时候（合作社只供应牛乳）才能约会看电影或骑自行车往外游玩。我又一直待到后来积了钱买第二手汽车才真正有打伙之对手。

你看着安亚堡一万多女生，外表上个个穿着齐整，平日也无装阔、穿时装、戴首饰的表现，可是实际上万别千差。内中当然不乏百万富翁之千金，可是也有贫民窟穷人子女。她们的态度更是因人而异，有些南方来的女生还以为和有色人种的同学贴邻坐在一起为破天荒，却还有些女孩子偏望与有色人为伍。还有醉心东方文化的女子专爱与东方人接近。有的以广交异性对手为荣，也可以增加经验，有的却又深居简出，一有对手即必涉及婚嫁，也真是非礼勿视。有些女孩子二十岁不到，已怕找不到对象不能结婚；也有些刚二十多岁即早已"曾经沧海难为水"。这样谁能找到理想的搭档？谁敢贸然邀请？

后来我和几个女孩子混熟，她们告诉我：有些女生虽在月经期间，一有邀请不愿错过，于是用冷水淋浴止住月经，回头再用热水冲回。也有女生望与教授交游可以在考试时得到高分，或者提及某人钱多，"他会邀请我吃牛排"。也有女生与人交游而产生不良后果。这也是避孕丸尚未发明之际，女生可以往密大的卫生处查验。也由这些女孩子告诉我，恐怕自己已怀妊的女生到卫生处检验的时候不用自己本名而冒用周边已婚同学的名字充数。但不论真名与假名，如果结果是正面的，可能使受验之人疯狂。

安亚堡有几处幽暗的街头尽端（dead end）不时有男女停车在侧。有一夜我与女友效法于桑间濮上之际突然有强烈的电光照在头上。只因我们谈得开心，没有觉得巡逻警察之来临。他看到我们衣衫完整，只查看我的驾驶执照。他又问我："你知道安亚堡停车的规矩吗？"

我答说不知。他就指点：

"你要停车可以到福勒路那边靠休龙河去，在那里你可以停到十二点钟。"

我们照他的话开走，找到了指定的场所。可是刚离开了警察的监视，又遇到一群恶少年的骚扰，他们来打岔，还说秽亵言语。有一晚我们遇到三四个恶少年驾无顶汽车而来，我料知他们的目的在捣乱，于是开车疾奔而去。当中一人以一个啤酒瓶向我们方向掷来，幸亏没有掷中。他嘴里还说："干完了吗？（All done?）"

于是我们在矛盾之中。全不开放不好，待开放又有障碍。警察也有他们为难之处，遇事干涉不妙，完全不闻不问也怕出蹊跷。

只到这时候诺门才告诉我：要和女人来往，没有大问题，只怕事后麻烦，要负责任。他又说："有些女人愿和你们一类人来往，可以不负责任。"我只能猜想他谓我非美国公民，却不知为何与他来往要负责任，与我来往则可以不负责任。

可是最后还是诺门·戈雷自己先遇到麻烦。他在安亚堡任女人捡拾并没有如何的成就，最多也不过在冰淇淋店里和人邂逅。他和他的未婚妻却在这春天之内产生了严重的问题。

原来诺门与露易丝原本互不相识，因人家安排的约会（blind date）而相恋而订婚。他来密大，露易丝留在麻省，两人每隔三两天必有情书来往。（平信邮费只三分！）有一天她提及周末与人约会，信内还有这样的一句："他们福尔锐瓦的人都说我们纽白德弗的女孩子轻佻。"我想她故意让诺门嫉妒。果然，诺门接信后寝食不安，他给信让我看，又解说福尔锐瓦去纽白德弗有十英里之遥，他和露易丝也是在这种情况下做搭档而订婚。这样看来他们所订之婚已靠不住了。

于是东安街的参谋团聚商，亚瑟主张诺门应向露易丝追回订婚戒指。只有我是忠厚长者，始终以中国传统成人之美自命。我说：

"你不是三两天前自己还在街上找人约会吗？"

诺门回说："那不同。一个女孩子已经订婚，手上戴订婚戒指，就不当随便与男人来往！"

我虽同意他所说，看到他一夜未眠，容颜颓丧，与平日笑脸常开、乐观自信的诺门判若两人，不免为他难过，乃主张他打长途电话将这旨意据实告诉露易丝，并且对自己的行动也加检点。（这时电话费却很高昂，长途电话动辄三元。）至于悔弃婚约，我指斥他为"可笑的孩子气"（ridiculously childish）。

在诺门尚未去电时已接到露易丝的来电。他们初尚争执，中间一段两人欲言不语，又像僵持。根据他以后向我的报告，两人电话上的磋商如是结果：

露："你要拿回你的戒指吗?"（Do you want your ring back?）

诺："我不知道。"（I don't know.）

诺门的好处乃在他引用我为心腹时言无不尽地将当中情节尽量披陈，有了这些资料我判断他们必定重归于好。露易丝既未主动提议将订婚戒指退回，诺门也未积极接受，可见得小两口吵嘴，彼此不愿当场道歉认错，下不了台。果然一星期后露易丝的包裹到，她已替未婚夫织了一件毛背心。再一周为春假，诺门回麻省度假，临行时他已大致恢复常态了。

他们间的关系自此急转直下。这次团聚之后，他们决定夏间提早结婚。我失去了同房伙伴，还有约翰·布朗禁不起东安街六〇六号的噪音，也决定迁出，我承继了他的单人房间，从每星期付费六元五角的房租骤升至每周八元。但是仍有菲史夫人来房每星期二换床单枕套，用旧剃头刀片刮洗地板上的污点及橡皮糖痕迹。秋间新婚的戈雷夫妇来安亚堡，露易丝在大学医院找到工作，密大妻子支持年轻丈夫念博士班的集团中又多了一人。新戈雷太太感念我在春间支持她，邀我至他们的狭小的公寓房间里延为上宾，我有机会在诺门新婚妻子面前叫他为"可笑的孩子气"。亚瑟妄自建议退婚被露易丝打入冷宫，从此诺门奉有阃令，不得与斯人来往。

他们从此"快乐地生活"，不过这一切都是后话，此间不过提前涉及。当诺门春假后只身回密大时，他仍遇上了一段新危机：他家里紧急电话通知：家乡征兵的指派小组（Draft Board）已将他编为A—1，随时有奉调入伍的可能。这还是1953年春夏之交，韩战正酣，板门店开和平谈判还是几个月之后的事。

诺门一面找密大证明他所做的生物化学试验有关公众利益不能中辍（据我所知这是真的），私自却和我说，他根本就反对韩战。

"你只能说良心上反战（Conscientious objector），"我据在参谋大学所学解释，"他们仍可征调你入伍，或者派你做担架兵。"

"No Sir，not me！"诺门又带反抗式的声调说。他并且把左边肩胁抬高、右边肩胁抑低的表示一定要他入伍他将用这种姿态应付。

"诺门，"我还在说，"你不像一般文字里叙述的急公好义之美国人。"

"Sisgungpa-Rah，rah，rah！"他带讥讽的驳斥我所说的急公好义。

结果密大生物化学系的文件见效，博士候选人戈雷的指派序次降低，因之没有被征调，他才能与露易丝快乐地活下去。可是他带着反抗的姿态不说，诺门到底是一个诚实的青年人，事后他还是承认我所说非虚：美国在1953年已没有了第二次世界大战期间的"干劲"。在这50年代好莱坞出产的电影，已经显示民间对国际战事不再热烈支持，甚至质问指派小组的编派是否公平。

这样结束了我们在东安街六〇六号的第一年。入秋以后学声乐的彼德也没有在此住宿。亚瑟原打算继续攻读博士班。开课之后他接到国务院的通知，他申请参与在国外经理美援的工作已获通过，于是弃学从政，不日受训后走马上任驻节雅典。至此菲史房东又大贴广告，招募了四位新房客。因为不同的原因我和他们的交接较稀，住室内外没有以前的热闹。大卫和我则同为华裔也是资深住客，更因着同在卫理公会教堂合作社用餐，仍是朝夕过从，直到1954年夏天，我们都从密大毕业，取得学士学位而止。

以后看来才知道这不过是我以为我们已同时在密大毕业。

因为彼此没有家属来临，我们都没有去租袍服参加毕业典礼。我只在事后付费之后凭学生证赴注册处取得文凭。想象之中林也以同样办法取得他的文凭。

一年之后才从房东菲史夫人获知：大卫两门功课考试不及格并未毕业。至1955年他的衣服书籍留在室内，本人却不知去向。以后又有他新加坡的家属和密大以及津贴他上学的教会多方查访，始终杳无音讯。他手头无钱，也不能找到工作，何以能去得无踪无影，甚可置疑。可是一星期、十天、半月、一月，和半年迅速地过去，大卫·林就渐渐被人淡忘了。至此我自己也走到了生活上的危机和分歧点。我一面半工半读，一面也在黄昏与晚间带着女友去休龙河畔停车。自始我和女伴都知道我们两人匹配得并不适当，可是又舍不得分手。如是拖上两三年，最后还是诀别。我虽然至此尚未结婚，已深知离婚滋味。最近一位浪漫女郎在《纽约客》所写短篇自传，也说到她和男友分手时，其震撼有如好几个"深水炸弹"（depth charges）。我相信她所说非虚。

以后我搬到底特律做绘图员，与安亚堡的同学疏远，更将大卫·林摆在记忆之后了。

一天早晨看到《底特律自由报》之第二页，上面有大卫·林的大幅照片。标题是"隐士被发现"（RECLUSE FOUND）。这段新闻，读来令人感到毛骨悚然。

安亚堡卫理公会的学生合作社占着教堂之一翼，除了厨房餐厅之外，也有游艺室、洗手间，侧面尚有一套房间，为一位监督员夫妇的宿舍。1959年，他们不时在夜里听到屋顶上有声响，他们疑有窃贼。只是既响又止，内外又无物件遗失，也就任之。直到午夜响声仍未停止，他们才报警设伏。有一晚午夜警察在餐室见有黑影接近储食物之冰箱，乃抽出手枪，吆喝："站住！"此人束手就擒，讯问之下才知道他是失踪已四年的大卫·林。

原来他在考试落榜不得毕业时将他的照相机、护照与身份证投沉在休龙河里，他只因无面见江东，不愿向给他奖学金的团体道及，又无其他出处，可能想到自杀，又无力下手。合作社的屋顶，在天花板上留有可能爬行的间隙，可由复壁推开进入。他起先爬进去藏匿在内，还在思量出路。可是身在异域，无钱无援，又不愿求乞他人，就只有永远地待下去了。

从此他昼伏夜行，以合作社冰箱内的剩余食物充饥，四年之内只有一次在假期冰箱之内空空如也时才挨饿三天。大小便也要挨到午夜之后才能偷往洗手间解决。他随身尚带有小剪刀一把，所以被拿获时须发尚为齐整。他也零星看到合作社的学生所遗下的报刊，对外界的新闻并未全部隔阂。他被截获之后经过医疗所检验，只因用牙签代牙刷，牙齿上有三处洞孔之外，视力衰退，需佩眼镜，此外身体健全。而尤其令人惊讶的：他出面之后知道母亲已在他藏隐的四年之内去世曾表示悲恸，除此之外毫无心理变态之痕迹。应对如常人。

他初出来时美国人士把他当作英雄看待，没有人告他行窃犯规，密大允许他改习商业，以避免他所修习的工程课目，移民局也原谅他的无签证逗留美国，有一位财主有意让他承继为子，（他没有与此人接头，后来就被遗忘了。）他的事迹经全国报纸刊载，视作奇闻。

我在一个月之后去安亚堡看他。他和我说起，美国准备送太空人乘坐人造卫星恐怕禁不起环境之隔绝而起心理变态，应当先派他去，因为他已经过考验。还有《生活》周刊请他写一篇回忆，记载他藏匿天花板内四年的经验，这篇文字如期刊出。我又告诉他我曾尝试多少次，想用自己的by-line在畅销的刊物出版，始终没有成功，而他则有《生活》的登门请教。可是另一方面想到我们在合作社的餐厅里吃喝嬉笑，又经过寒来暑往，密大的同学好几人已挣得博士学位，当初新来一年级学生现已毕业，艾森豪将军经过心脏病后又两任总统，大卫·林却始终躲在复壁之内，花去了一生大好时光之一部又不禁为他可惜。报载他初曝光时曾问截获他的警察：
"现在是什么时候？"

警察回说："什么时候？与你有何关系？"

大卫·林后来又在安亚堡待到1964年才得到硕士学位回新加坡，我一直到伊利诺州又迁纽约才和他失去联络。

事后想来，我虽没有和林一样地藏匿，然在东安街六〇六号做房客的期间任光阴纵逸，一待就是五年。纵然与年轻的朋友为邻，可算把少年时代拖长，可是一事无成，女友不能全始终，学士学位无用武之地，再想做研究生，前途渺茫，自己年近不惑，想来不免心慌。

另一方面我离开安亚堡后更是无所归属。我对任何人也不负责。既非中共派来间谍，也非蒋家帮派。这时候已享到人世间最大的自由。我仍注册为密大研究生，却不聚精会神地攻读《资治通鉴》，只花费大好时光看小说与剧本。又在底特律河上的倍尔岛无师自通地学会溜冰（其实仍受近旁小孩子指点）。周末爱看赛马，好几次将一周的工资输光，这样的放荡逍遥，西方人称为abandon，全与他人无涉。

不过既要自由则须付出自由之代价。这几年内我经常回归斗室，无人对谈，耳内嗡嗡有声。安亚堡的警察对林说的，"什么时候？与你有何关系？"无疑的，也适用于此期间的我。

又待事后想来：才领悟到在此机缘中，我也藉此了解美国社会演化之真谛。我们一般的观感：美国原来是一个组织严密干劲十足的国家。只因越南战事持久而失利，年轻人反抗兵役，加以同时间内避孕丸发明，堕胎经过各州法律认可，披发的爵士乐队称为"披头士"（Beatles），来临此邦，随着迪斯科流行，黑人争取平等地位，刑法愈宽纵，通货愈膨胀，才于1960年间一变而为今日之美国。前些日子，一位华裔同事很感慨地说及："美国在1960年间搞烂了。现在想凑拢回来，可是已扳转不过来了。"

她所讲的只代表一种观点，其实还有不同的看法。

社会的演化，有长期间的延续性。美国在60年代的变化，至少可以追溯到第二次世界大战。当日各种生产强迫地提高，战后复员也经过一段周折。不过在1950年间又是各业向荣，交通更发达，通信更进步，社会上的流动性愈大，女子就业成为一般趋势。由经济方面产生的压力，要求各种因素概能公平而自由地交换，于是种族上的平等与性别间的平等，都应背景上的条件而产生，至于这国家由一个盎格鲁·撒克逊典型文化国家演变而为多种文化多种民族的国家更是一种在亘长时间的持续运动。固然越南战事是美国历史上一个重要的转折点，但是它单独的不能促成一个大国的全面改变。即我在安亚堡时已经体会这样的全面改变正在酝酿发轫，如1955年最低工资定为每小时一元，前已提及。这期间的电影剧本，有如一部称为《我们的妙曼年华》（*The Best Years of Our Lives*）即已渗入反战情绪。我自己在东安街六〇六号的经验，今日回顾起来，也显现着各种关系已在整备预备改变。

况且全面改变之后果也非只坏不好。不少的人以为美国开放之后秩序荡然。但是过去的秩序是如何维持?我初来美国时南部各州凡公共场所饮水候车以肤色区分不说，即在1950年间白人私自处刑将黑人吊死（lynch）之事迹仍时有所闻，而尤以触犯性禁忌的情况下为甚。我在大三的指定读物尚有资料包含着黑人男子自述,他们每至公私场所遇见单独之白人女子即感到心慌。因如有任何差错,或被人检责即将被吊死无疑。即是公众场所需要衣着齐整亦可以藉此摈斥穷人入内。今日矫枉过正,也产生问题,但不能否定整个运动在向前推进。

华裔人士更在破除种族成见关头受惠。今日凡出生于美国领域之内即自动地成为美国公民之际,很少人还能记忆美国宪法史尚有一重要案件。当时最高法院判决:"既为华裔则不可能为美国公民。"而美国排斥华裔移民法案(1882年)至1943年才在中美并肩作战时放弃。

我个人既在异域,享受着人身上的自由,即不可能反对国内朋友希望获得类此的自由。但是另一方面自由有它广泛的含义和它特殊环境内之条件。如果不顾人民生活及教育程度,不计国情与社会习惯,只因人家有此自由,我也要此自由,是为不合实际。以美国的经验而论,管制之开放尤赖一般公民之教育程度。因为法制之放松,并非即否定其后面伦理道德观念,多时只是减轻公众之干预,将约束的责任交付于各个人。于是取舍之间以各人所能承担之后果为依归。

我经常如此论说,即有人批评黄仁宇为老派头,又系军人出身,难怪有此不识年轻人意向的立场。让我提出美国两位较为"前进"的女士之经验。她们的论说,都通过亲身的实地经验,也牵涉上性关系的解放。

前述的浪漫女郎为菲昂娜·路易士(Fiona Lewis),她的短篇自传载在今年2月23日的《纽约客》。自传开始就提及:"我享有半幅声名的原因在此:我愿意脱下(我的)衣服。"她在好莱坞演了一串B级电影,也将裸体照片供色情刊物出版,文中也坦白道出她自己与导演及剧作家床笫之欢。可是她的结论,则是滥交有令人感到沉重的趋势。"我们之被性缠绵着,有似于海豹之(在公园内的)

表演一样。又经常被麻醉剂制住，我觉得有一种'照常营业'的令人低沉之感慨。此中无色情快感之可言。"

派拉克（Lisa Palac）的情形更为复杂。她的自传书名为《床之边缘》（*The Edge of the Bed*）。她曾创办关于女子性生活的杂志，又开设电子频道，泛谈女子性生活，被新闻界封为"高等科技色情之后"。她对自己的性生活当然无所忌讳。并且她曾订婚，因未婚夫多方干涉而退婚。可是自传中仍提及："性的欲念"（生理部分）与"性的政治"（心理与社会部分）经常不相衔接。在提出订婚的一段她写出："我已年二十九，我希望有伴侣，我希望有孩子，我急于希望被人爱着。"并且去年4月她终于结婚，行婚礼时她感动得几乎掉下眼泪。她又在书中写出："结婚有不同的定义，但是全美公认的原则，婚姻厘定你只能固定地与一人做爱，**终身弗逾**。"（黑体字代表原文大写）但她既不愿放弃"色情之后"的宝座，也不愿对自己绝无婚外情一段作斩钉截铁的保证，只是规避地说出，无从对将来尚未发生的情况预作判断。书中却还有一句，笼括着对此问题的原则："感情上的忠实超过性的忠实。"这也就是说：只要感情能吃得住，什么事都能做。反面言之，如准备做逾情越理之事则侣伴之间彼此相同，先要准备着可能之冲击。我们在上面一段已读到浪漫女郎菲昂娜所述她自己吃到"深水炸弹"。

这一切与我所说东安街六〇六号有何相涉？

当日我们住在这出租的房舍里没有觉得，在50年代我们已在待转变的美国之中。生活程度既增高，社会上的流动性大，于是各地各处构成罅隙与空间，容我们停留下来。只要你自己吃得住，无妨放荡逍遥。但是另一方面社会仍在前进，如果你没有保持到常规之步骤，一朝落伍可能进入万劫不复的境界。此时社会对各人的管制放松，良心上之事各人自主。但是你对自己负责，也要预备着本身行动之后果。从诺门及亚瑟暨大卫与我的故事看来：我们好像握有千百种可能的自由，但无一不要求各人自己所能承担之后果。又即反战，全体公民仍要集体地应付以后之局势。我自己检阅这段经历，则发觉各人秉性虽不同，其行动仍受某种伦理观念支配。说来也难能相信，孟子在公元前 3 世纪所谓是非之心、恻隐之心和羞恶之心也仍在这环境里隐约出现，作为保持各种关系之凭借。也没有人能整个地逃脱，倘非如此我这篇论文就写不出来了。也因为如此今日回味起来才仍不乏亲切之感。

我已多年不去安亚堡，但每遇春深，想到两旁人行道上树木所落下的黄绿色苞蕾布满街衢，单行街道里的汽车从五百号的方向开来将它们碾得粉碎。有时一阵急雨之后，轮胎发放着"塔—塔——坦—谭"的声响，空间则充满着春天的气息……

此情可待成追忆——

——只是当时已惘然。

迈阿密的故事

邓伯里俱乐部（Turnbury Country Club）在迈阿密北部港湾内的一座小岛上，里面极尽其豪华，我进去用它的洗手间的时候，却用不着抱任何自卑感。因为来去的人，年龄和我差不多，服饰也相似，全系T恤、卡叽长裤、白色运动鞋和墨绿太阳眼镜，收拾洗手间的工人看不出我和其他进出的人有何区别，倒只有我一眼看出，他们大都是现已退职的银行家和总经理等等大亨。一到停车场上看到他们停放的车辆和我自飞机场附近租来的小型经济级的车子相比实有天壤之别。

我纵说不自卑，仍免不了自觉，俱乐部里的会员这时候仍在照常利用高尔夫球场。这天网球场却安排着给特殊集会之用。参加特殊集会的女多男少，像我这样上了年纪的亚洲人，可算绝无仅有。

这事在1990年4月，所谓特殊集会乃是Bee Gees听众俱乐部（Fan Club）为糖尿病研究协会筹款的义务演奏，联欢两日，有演唱，有一百二十元一碟的晚餐，有拍卖Bee Gees歌手的纪念品，也还有客串明星的网球表演赛。Bee Gees的听众迷，大都是少年中年女子，只有少数男士作陪。

欢迎我们的一位小姐名叫苏，义务服务，见面后不久她对我说："黄先生，我知道你对这场集会不感兴趣，你来全是为着你的夫人。"

我还在抗议："你怎么知道？"

苏仍在接着说："你的太太确实很甜蜜。"

Bee Gees是来自英国的吉蒲士兄弟（Gibb Brothers）。长兄巴利（Barry）身长六英尺，面色浑红，满头细软的长发，漫画家常把他画成一头狮子，他唱男高音，次兄摩利斯（Maurice）秃顶，通常戴毡帽出场，可是也明眸皓齿，自有他的吸引力。只有三弟罗宾（Robin）这时候仍留着一头好发，却相貌平庸，而且举止带女子气派。他们合伙自己撰歌作曲，又自弹吉他演奏，不仅在无线电台广播演奏他们是热门，唱片经销也以百万计，他们也不时现身登台，在各地巡回演出，只多了一位乐师和一位女歌手。二十元以上的门票数千张通常为听众一购而空。迈阿密是他们的基地，在此有自己的电台。一年一度的慈善事业，通常也邀请三两位电影明星和网球健将助场，用不着说这也是消抹去所得税的好办法之一。

来此之前一周和十日的期间，格尔已在悄悄地替我整备行装衣物，宴会要结纯黑横式领带，衬衫胸前有折叠。住迈阿密的酒店与飞机票由听众俱乐部统筹，也由她自己出钱购买。临行前几天她还向我们的儿子培乐说，还不知如何向我启齿。其实 Bee Gees这一热门，也由培乐在学校里辗转听得才告诉妈妈，这时候儿子知道妈妈要领着爸爸一道去迈阿密做Bee Gees歌迷，觉得不妥当，他告诉妈妈，这不是很体面的行动。

妈妈难得生气，这时候却已在电话上对儿子生气了。"什么体面不体面？"

格尔所害怕的乃是我对民歌不感兴趣。

其实说我对民歌见外，也算冤枉，斯蒂芬·福斯特（Stephen Foster）就是我最欣赏的作曲家之一。我在安亚堡做学生的时候，同屋的人因为我把《带着淡黄头发的贞妮》的唱片翻来覆去地引唱而提出抗议。不过我们当日的民歌，下一代已引为古典。他们的民歌，属于摇滚歌曲披头士和迪斯科之类，在我却是难以欣赏，一来太噪耳，二则实在听不懂其辞句。不知道他们吵来嚷去，当中的旨意何在。

现在看来，Bee Gees之音乐只在二者之间，巴利唱"低、低、低、弟、提"虽然也还顺耳，可是我不觉得这有值得天外飞来捧场的魅力。

我也说女人爱慕巴利·吉蒲士，多少带着欣赏男人雄赳赳"性"的成分在，格尔至今否认。

我又说这般的不着痕迹的喜爱，人情之常。已卸任的美国总统卡特就说，他看到漂亮的女人不免心动，我听来亦有同感。

美国女人公开表示欣慕成名的男明星更不足为奇。我在二次大战之后在雷温乌兹上参谋大学。一时消息传来：詹姆士·史都华（James Stewart）要来参校上学（他这时任空军上校，可是入学并没有成为事实），一时引起全校的骚动。大家都说不知校方如何应付爱慕他的女人。而雷温乌兹的女人十九都是教官与学员的眷属。

还有一个容易引起不体面之观感的因素，乃是多少年前很多年轻的女孩子见着法兰克·辛纳屈（Frank Sinatra）疯狂地嘶叫，业已收入影片档案之中。不过在1990年吉蒲士三兄弟或已四十出头或年近四十，他们都已结婚，而且儿女成行。他们的抒情歌虽不离男女之情，却并不亵渎。有如以下的一首：

> 风暴之夜，我在等着，
> 想满足你。啊耶！
> 但是他的爱，只是一场游戏。
> 那一套谎言骗语——

我被铁丝挂着，
又不即在火上。
我在哭泣，
你可听不到。

　　这段抒情歌固然可以解释为婚外情，但是也仍不离怨妇语气，这使我想起在湖南听到的一首民歌：

太阳一出满天斜（方言读如夏）
思想小冤家，
想起冤家遍身麻，
昔日来调情，
一切说得真。
说得水内可点灯……

　　即是白居易的《琵琶行》和《诗经》里的某些民谣也有类似的情调，即是为怨女申冤。

　　棕树、海鸥和海滩上白色细沙，确实给长期住在纽约州北部的人一种解放的感觉，只是我们的酒店不在迈阿密市，而在迈阿密海滩。严格说来这是一座长形岛屿，上面只有一条主要的公路，也是街道。虽然摩天楼比肩并列，要吃一家经济餐也要开车四五英里（好在租车不计里程）。海滩旁卖热狗和洋葱汉堡的摊子虽在4月即已换季歇业。找来觅去只有一家还未关门，内中老板娘指着我把责任全部推卸在我身上。
　　"你们加拿大人，一到3月就回北去了，不再来了。"
　　此行还有一道收获，即是赌运高照，我在白天去大海湾流

（Gulfstream）赌跑马也赢，晚上去庞潘诺（Pompano Beach）赌挽马车赛也赢。格尔知道我已过足了惯瘾，"我不是说过你会喜欢迈阿密的吗?"

可是此行到底也有几点令人感到不安的地方。第一，这整个的集会，简直是劫贫济富，和我们同桌聚餐的就有好几个女职员，从她们的谈吐和衣饰看来，她们都要节衣缩食好一阵子才能参与这一场盛举，如果多用头脑的话（这也适应于我们自己），绝不会如此浪费。莉兹和她的女朋友来自加拿大，都是年轻的妻子，她已经有了一个婴孩，她的女朋友说及莉兹做了一个多月的工，才挣积了此行的费用。她们的飞机在水牛城遇上了风雪，还耽误了好一阵子。可是莉兹即席说，她深爱这场盛举，打算明年再来，只不知道如何向丈夫解说，因为她才向丈夫请假，要他照顾婴孩，打扫门户……

凯齐是一位大眼睛的痴女孩子，她崇仰的对象是罗宾。她和我们说起，刚才有一个人带着照相机要为罗宾照相，罗宾说："可以，但是请不要在我吃东西的时候照。"可是他还在吃，这个人已经喀忒一声替他拍照了。

"他还在吃，"凯齐又重复地说出，说时声音微颤，"他就偏要在这时候照。"说时她一阵伤心，开始啜泣，立即以手捂面，泪涕纵横，好像罗宾不幸已被刺客用照相机打死了的一般凄惨。

是我们偏偏遇见了类似不平衡的人物，还是我具有成见，只专记忆着像凯齐这样的歌迷?以后格尔也在迈阿密结识了几位女友，自此通邮交换消息。这场集会里也仍有不少稳重端庄的仕女参加，可见得做Bee Gees的忠实听众不一定要做胡桃核〔nuts（编按：痴狂着迷犹如发疯之意）〕。

事实上则我们遇见的"胡桃核"却不止凯齐一人。巴蒲来自罗德岛州，自称他搜集了全套的唱片，在我看来他的一举一动，总带着一种忸怩的样子。他和女朋友玛莎双宿双飞，像一对中年夫妇。

他们也乐于和我们道说旅行于美国东部和西部的经验。可是玛莎不是巴蒲的妻子。她三言两语就要提及巴蒲的妻子如何如何。好像非如此不足以证明他们两人并非夫妇的身份。玛莎也告诉我，她和我一样，对于Bee Gees的音乐并无兴趣，只为了巴蒲才陪他一道来此。

至此我和格尔结缡已二十四年，并且有了成年的孩子。回顾这许多年保持如此的关系并不容易，除了种族的不同之外，我们年龄上也有很大的差距，还有婚前想象不到的地方，地区间的次级文化（subculture）也对婚姻关系有很大的影响。我生长于湖南，在30年代长大，她生长于密苏里，在二次大战期间开始上学，当中的距离非只美国与中国而已。

我曾和她吵嘴自哥本哈根至慕尼黑，又从爱丁堡至伦敦，多年的经验是：她一下定了主意，正面和她争辩是没有用的。不如先照她的意旨做，做了一阵她可能回心转意地改变初衷。这次去迈阿密参加Bee Gees集会，我本来觉得不自在，可是她一切都已预备妥帖，又坚持她的目的在写一本关于Bee Gees之专书，我也只得奉陪，但望她景慕Bee Gees之热忱，经过此行燃烧而成灰烬，以后不让狮子头和迈阿密打扰我们。

可是既已远道来此，又不能不贯彻其目的。我知道格尔有意与Bee Gees兄弟合照，在饭厅内和网球赛前的摄影时间却被不拘行径的女人弄坏了。胖小姐、女职员和不带结婚戒指的女歌迷们争着上前，至今格尔的照相簿里还有一张照片显示着一个也颇有风度、皮肤白皙的女性和巴利的合影，也许她的芳姿赋予她自信，她不仅上身倾斜倒在巴利肩上，而且吻着他的面颊。只差没有闭着眼睛，而是面目侧向，使阅照的人，知道影中人确是她自己，巴利狮子头至此微有不愠之色，他没有在自己太太眼前帮助旁人冒充电影明星的义务。

我向格尔出主意：下一场他们要进餐厅，让我们先去门口附近埋伏。我把照相机预备好，她立即上场。这时她还在忸怩，我已依计而行。

"巴利，"我自己介绍："我姓黄，也可算是一位作家。内人准备写一部关于你三兄弟的书……"

他还在问我："属于哪一类?"

这问题事前没有想到，只得顾左右而言他，却又开门见山地央请："内人希望能和你合照一张相。"格尔依计上前。她的照片落落大方，即儿子也不能议论有不妥当的地方。

我们也在同样情形之下，在次一场截获戴毡帽之摩利斯。

可是我企图饱和格尔对这类民歌之兴趣的计谋则只有片面的成功。1992年9月迈阿密各界有援助飓风安德鲁受难者的义举，也有Bee Gees的参与，我们一接请帖即仍得去。

"用费是善举，可以免税。"格尔指出参与的好处。

其实报所得税对我们而言从来不像对这些成名的艺术家与音乐家那样成问题。我们的问题还在来去的时间与用费，况且这些演奏尚在迈阿密市区内的体育中心，听众嘈杂，一切全靠扩音喇叭。加以天气不好，旅舍也没有前次的方便舒适。更使我失望的是：安排的行程中，我没有观光马场的机会。最后一天，我们搬到劳德台儿的假日酒店（Fort Lauderdale Holiday Inn）。我一进房看到自己在镜子里面的一股怒容，丑陋恶劣，才领悟到和我做终身伴侣，没有想象的容易，我自以为遇事将就，其实只是使情弄气的另一面。

次日准备打道回府。迈阿密的市区像纽约一样：南北直贯的称大道（avenue），东西横亘的曰街（street），彼此都以数目字称。可是纽约的大道只有十二条，当中只有八条为一般之人常用。并且大道用英文字母拼出，街用阿拉伯字简写，甚少混淆。迈阿密则七十二街与二十七大道交叉，听来就不顺口。又有几条街道实际是高架公路，上去麻烦出来也不容易，飞机场与租车的地方近在咫尺，而出入的路线也不同。

我明明已在地图上确定了去飞机场的路线，到时候行车仍是愈走愈远。走到一块较偏僻的出处前面有一个黑人从车上跳下，回头问我："你走错路了吗？"

"我要到飞机场去，"我回答。"只不知如何上 36 街。"

"我们也朝那方向去，跟着我们走。"他好像在善意地照顾陌生路人，然后回到自己车上去，两车继续前进。

格尔机智地说："我们不能盲目地跟他们，他们转弯的时候让我们朝前走。"

就在这时候前面这辆车好像是黑色，既未转弯，也没有朝前走，只突然地停在街心。车上跳出最少三个可能是四个黑人，个个年轻力壮。噗咻一声，我后面的车窗已给他们打得粉碎。碎玻璃飞向右前，我深恐格尔受伤。车门原已锁住，这时已给歹徒拔梢打开，一个歹徒摘去我的眼镜掷于街心，又把汽车钥匙拔出扔在一旁。我的脸颊已被他打了几巴掌，不仅眼角开花，而且鼻血直流。我还在记挂着格尔，这家伙已下令："把你钱包交给我！"

"不！"这是我唯一的反应，但是我双手愚笨地抓着右边裤脚管不放，他索性上前把我的裤管撕开近两英尺。我的钱包里面的现金、驾车许可证、信用卡因之不翼而飞。我的身体被行车安全带绑缚着，动弹不得。

我等他们去后才证实格尔没有受伤，也没有挨打，她一直叫嚷："啊呀！"但是她的钱包证件都在手提袋里，全部与手提行李包括两具照相机都被歹徒劫去。

这事来得如此之快我完全失去反应能力。我一向自信我不会被人欺负。我曾在底特律与年少叛徒冲突，曾在拿波里火车上与一个出言不逊的意大利人冲突都未吃亏。这时候不仅不知自卫，连歹徒所驾汽车牌照都未看及。等到我寻得汽车钥匙，开车到附近一家商店电话报警已近半小时。

下午迈阿密警局送我们至一家旅店，几经电话交涉才让信用卡公司借给我三百块钱。翌日凭警局报告和公司自己的电子机上记录，飞机公司才让我们乘下班飞机回纽约。事后我们才知道这样在迈阿密抢劫旅行者尚在方兴未艾，半年后三个旅客丧生，至此才规定飞机场出租汽车一律只用一般牌照，以免为歹徒注目。

格尔还是喜爱Bee Gees的歌曲，她不时仍与歌迷女友通讯。但是她写Bee Gees之书仍未下笔。1992年后我们仍旅行各处多次，也曾光顾Bee Gees的巡回演唱，但是再未向旅行公司提及迈阿密。

1998年6月25、26日《中国时报》人间副刊

成则为王

不久之前有人作书评说及我所发表的书刊无乃表彰成则为王败则为寇。

事实上古今中外的历史题材，都不可能如是的简单。有时某人之成败尚且不能轻率断定。譬如19世纪初年的拿破仑，战无不胜，所向披靡，因之宰割全欧，可算前无古人。而且他又在所到之处颁行拿破仑法典，将法兰西革命的精神掀动至最高潮。此人此事不可谓之为失败，可是他自莫斯科退兵之后，初受挫于莱比锡（Leipzig），被流放于厄尔巴（Elba）岛，即卷土重来，亦仍兵败于滑铁卢（Waterloo），受遣送至圣赫勒拿（St.Helena），客死荒岛，亦不能谓之为成功。因此美国诗人兼哲学家爱默生（Ralph Waldo Emerson），所作论评即指出拿破仑有双重性格：一方面此人代表当日欧洲一般平民的志趣与希望，一方面他也以一己之私令生灵涂炭。据此我们也可以说在推广传播"自由平等博爱"的精神，拿破仑确有成就。即算亚历山大第一摧挫他的军事力量，沙皇麾下少年军官于役于西欧，眼见其他国家的臻荣，帝俄的退步落后，因之发动十二月政变，为以后俄国的改革至革命的先声。此中全部经历，亦肇始于拿破仑之用兵，可是另方面拿破仑傲慢虚荣，自己称帝不算，还要让姊妹弟兄个个封后与王，曾几何时又全部湮没无闻。因之他也可算失败之尤。[只有他手下一个元帅白纳多特（Bernadotte）行伍出身，经过他的支持成为瑞典王储，以后又参加倒拿战争，则今日其苗裔仍为瑞典王室。]

所以成功与失败可能从不同的层面与场次论断。

有了这段交代，我并不否认，我的书刊里确有一部分"成则为王"的因素在。

虽然书评没有明白讲出，他所认为刺眼的乃是我曾在各处一再提及：当新中国再造时，蒋介石创造了一个新国家的高层机构；毛泽东翻转了农村的基层组织；以后邓小平和他的继承人则在敷设上下间法制性的联系，以便构成永久体制。

间常也有零星的读者通过出版者写信给我，指责我缺乏民主精神。

我不抱怨书评者与投信人，我自己也要经过多番反复才能写下如前的结论。我也看到其他历史家很难不突破内心的冲突即遽尔作类似之论评。借观旁人的经历，也更可以了解自己的立场。

17世纪的英国和20世纪的中国在多方面有相似之处，主要的乃是现存法制与政府体系与时代脱节，亟需整个改造。这时候英王查理第一信教虔诚，听信大主教劳德（William Laud）的建议，认为黎民饥寒，王者之责，社会动荡则须对教民科以纪律（英王承亨利第八体制为英格兰教会首长），而当日议会则受清教徒独立自主精神的影响，于是国王的宗教政策与税收政策激怒议会派，内战一开前后亘七年，议会派战胜。圆头党首领克伦威尔以"叛国罪"处国王查理死刑。

以后查理之"暴政"克伦威尔无一不有。克伦威尔也封闭议会，也向东印度公司强迫借款，也拘捕政治犯，他尚且将全国划为十一个军管区，每区派少将一人治理，他几乎称王，只因恐怕部下不服而作罢。但他仍自称护国公（Lord Protector），指定儿子理察为继承人，他的女儿与女婿尚且干预行政。他手下将领数人成为了大地主。在以下两件事更表现他的性格：当他治军时，军人习惯以政治传单，摆贴在毡帽之上，他指令取下，军人不服从时，他用手枪击毙最前的第一人。当议会派人员要求自由时，他带着讥讽的声调说出：“他们有呼吸的自由！”

我在密歇根大学初读这段历史时，不能对克伦威尔有何好感，倒反为查理第一同情。查理是好丈夫、好父亲。他临刑前还在断头台上讲出，他宽恕他的仇人，希望英国国民享有他们应得的自由，这些情节令人心折。而克伦威尔于1658年去世，两年之后查理之子查理第二复辟，克伦威尔被剖棺割尸、枭首示众，好像宣其罪有应得，可是至今一般英国人崇仰他的情形令人费解，即保守派如丘吉尔的笔下亦复如此，19世纪末叶英国议会尚为他塑像。至今此铜像仍植立于议会广场，威斯敏斯特厅之前。

我还要到多年之后才能彻底了解：如果查理第一和大主教劳德的设计成功，英国将要构成一个政教合一的局面，亦即政治威权可以干预到各人良心上的出入处，自此捕风捉影不说，即使军民相得上下以安，英国亦只能维持中世纪之容貌。读者如不能远溯西班牙之大审讯（Spanish Inquisition）而推想其态势，亦可从拙作《何键》一文大致窥见其可能情景。注意湖南在1930年间只用人本主义与社会习惯，无宗教力量与僧侣组织参与行政，只因其着重传统伦理观念，以之作敷政的基础，已产生文中所叙之一切。

英国当日国教为圣公会（Episcopalian），仿罗马体制，有举教团。议会派大致多为长老会（Presbyterian）信徒，不设主教，长老及执事由信民推举，但仍有全国组织，克伦威尔及军中将士，多为独立派（Independents）。此派在各地都有小教堂，无全国管制机构，于是才彻底做到良心上之事各由自主。

克伦威尔最大的贡献则是在他专政的九年间坚持信教自由。他身后查理第二与詹姆士第二曾企图打破现局，都没有成功，经过1689年的光荣革命（Glorious Revolution）后英国的信教自由才固定如今日体制。

我们通常对"自由"这一名词，存有误解。在政治方面说，自由并非个人自行其是，因为此系无政府主义（anarchy），自由亦非保障个人现有特权，因为不问此特权之由来，亦只为保持现状（status quo），甚至可以侵犯旁人之自由。换言之，自由必须配合实切的社会条件。

从一个旧式农业社会进展至工商业社会时，其不二法门在制造一个合宜的环境，使内部各种经济因素概能公平而自由地交换，在个人趋利赴实时各种行动已不待鞭策，即不期而然地相互协定，也遇到极少的干预。这种体制通常被称为资本主义，虽说内中仍免不了瑕疵，但是较诸旧式组织已为跨时代的进步。在英国这种改造大致在17世纪完成。克伦威尔并未预作绸缪，具有先见地策划执行这种改革。他的贡献，可以分作两部解释。一是他的颁布航海法案（Navigation Act）和主持对荷作战，巩固了英国的海上权威与商业利益。一是他的军事管制，保持了圆头党内战胜利之成果，使以后自复辟至光荣革命中约三十年期间内部的改革仍然继续他手下的规模。

1660年查理第二的复辟并不由战胜取功而获得，而系由双方坚持不下人心厌乱所产生的妥协方案而成。查理第二即流亡海外时早已宣布除乱党之出名弑君者不赦外，其他不念旧恶概不追究，即动乱期间田土庄屋已经没收拍卖的或经价赎的也各依现状。这是一段很重要的决策。后来英国土地占有，承封建遗绪，零星丛杂，内战时军队进出，虽然经过一段破坏，也仍在整顿收束，使领有权和使用权整体化和合理化可能。这种趋向在复辟之后继续。所以一到了18世纪各地修建付费公路、开设乡镇银行得以坐享其成果。

这期间还有一个尴尬局面，即是法庭断案全以普通法（common law）为依归。这是一种旧式的习惯法，凡事都按成例，缺乏弹性。在克伦威尔执政期间已准备改革，只因对荷战争而中辍，复辟之后得以加速进行。其方案乃是在今后断案时，酌情引用"衡平"（equity）原则。以后"衡平法"也造成体系，具有成例可沿。至光荣革命时两种法律已开始交流。

至此英国已凸现其现代形貌，世纪初期各以意识形态争执；至世纪之末，政教分离已成为公认的原则，国王与皇后也逐渐成为仪典上的首长；不久尚有首相及内阁的出现。英伦银行已于1694年成立，自此经济问题愈为重要，与军事外交同为议会内辩论之热门问题。一言以蔽之，英国已可能在数目字上管理。她虽仍为王国已有民主体制之实质。

克伦威尔不可能预见此间种切。可是后人综合英国在17世纪之发展却无从避免提及首要人物克伦威尔，他被迫为独裁者不复为问题之关键。相反，他使以上各种发展成为可能。

所以我们在大历史的角度提及"成则为王"，乃是注重历史中的大事既已发生，又不可逆转，则人与人及人与社会的关系必因之而改变，我们研究这种发展与今人的影响，首在注重其积极性格。黑格尔说，在这种场合中虽领导人物亦难洞悉全情。所以一方面固然因人成事，一方面也以事成人。

可是这种客观的看法，虽历史家不易维持，以个人爱憎判断乃人之常情。英国历史家艾诗立（Maurice Ashley）年轻时著书称《克伦威尔：保守的独裁者》（*Oliver Cromwell, The Conservative*

Dictator），对主题人物攻击不遗余力。再二十年后又著书称《克伦威尔之伟大》（*The Greatness of Oliver Cromwell*），对此历史人物之评价全部改观。他自己提及以前痛恨当代独裁者斯大林及墨索里尼等，所以被移情作用支配，影响到笔下题材。可是在我看来，作者阅见愈多，经历越广与其眼光变化之关系更深。

我所写蒋、毛、邓对中国之贡献，所采用历史学上实证主义（positivism）之成分与艾作后书的立场同（他说明克伦威尔系不由己意支配的独裁者）。我知道极少之人连我自己在内，可能对蒋介石、毛泽东与邓小平同样敬慕。但是敬慕与否不说（我的书刊内对他们的弱点即从未掩饰），如果我们不认清他们处境的极端困难，抹煞他们死里图生的情形，不顾他们所领导的群众运动与牺牲精神，不体会历史展开之层次与场面，只一味暴露他们的弱点（其实也可能是我们自身的坏性格），则也甚可能同样误解我们今日的立足点，那样子被理想主义蒙蔽，成败不分，甚至追求一种渺茫而不可得的自由，只会失望，尚且可能危险。

所以我宁可得罪我的读者，不愿欺骗我的读者。

1998年8月6日《中国时报》人间副刊

东南亚的金融风暴

东南亚的金融问题没有结束，而且值得一般读者的注意。

第一点令人注意的乃是问题之大。国际货币基金（International Monetary Fund）所筹措的紧急救济，南韩部分就有五百七十亿美元、印尼部分也近四百亿美元，预计千多亿美元用罄之后，基金的实力已亏，还要准备后续的问题。所以克林顿政府在下年度预算之内再编入一百八十亿美元，作为美国持续投入基金的股份。有些美国共和党人士已经准备反对。他们说：私人在国外做投机生意，又交结当地权要，做得亏本，怎么要用美国一般民众付税填补?他们说的，近看确有理由。只是现代的货币金融透过跨国公司，已聚江淮河泗而成汪洋，最后也清浊难分，反正大家都是借债经营，做得农不如工、工不如商、商不如投机。局部某方垮台，甚可以牵涉全体，构成全世界的经济恐慌。

国际间互相牵涉的情形，不难了解：日本因为频年经济不景气，将利息降低，低至百分之二以下。如果你有适当的担保，借得此款，大可以辗转生利。美国年利六分，南韩年利八分。如果你能借得日方资金值美元百万千万，换作美金，即是利用当中的差价，放债牟利，一年也有四万六万，或四十万六十万的收入，只要日元在这一年不再对美金增值的话。

以今日国际间汇兑的灵活，也没有人能完全断定游资的来龙去脉，但是一般情形之下日美多余的资金，转入东南亚。比如说，南韩一家钢铁公司每年经营收入美金五亿元，借得的短期债款即达六十亿。可以想见其用款没有以之增设厂房熔炉，而以之辗转投机营利。香港一家国际投资银行不久之前宣告破产，乃是因为它以三分之一的资金投资于印尼雅加达的计程汽车事业。印尼遭金融风暴，祸延香港的投资者。

投资最后之出处总以地产为主。你既要做大生意就少不了摩天楼里的写字间，又及于飞机场与码头、厂房仓库，更又及于旅社公寓。地产又为信用最好之依托，合同可以悔约、证券可以假造，可是一座七十层的大厦，谁能搬走隐没?地产也可能继续增值。只要占用写字间即能继续赚钱。而公寓的租金也和薪给的比例看来合理的话，地产增值拭目可待。香港的大亨多已熟悉于此中诀窍。他们过去趁着人心动摇地产贬值的辰光以信用做主买下地产。后来地产涨价又以此信用去大陆顶买得另一批市中心地产（大陆方面一般只出租使用权七十年）。一旦两端涨价，三面增光（连投资的银行信托公司在内）。

这办法行于香港、新加坡之外也及于东南亚的国家。马来西亚吉隆坡的摩天楼突入云霄称为世界之最高，毫无待开发国家形象。既有这般摆布也少不得交通通信所谓服务部门的事业。于是高速公路与飞机场、货柜码头都不可免。总之先造成一片繁荣景象，即使没有其他生意，旅游事业先已赚得一笔外汇。

说到这里我又必提及若干历史上的例证。

现代金融经济称之为资本主义与否已经无关宏旨。其要点在资金广泛的流通、经理人才不分畛域的雇用，和技术上的支持因素（交通、通信、保险各事业及法庭与律师业务）全盘活用。亦即全国所有的经济因素，概能公平而自由地交换。不论公私、不论大小，也不论城市与乡村，一皆如是。即透过财政税收，各项企业及投机生意仍然如此。积各国的经验，当中最大的困难，即是笼括乡村。凡农村社会里安土重迁的习惯与潜势力，上假专利威权，中及于地主僧侣的垄断，下至乡绅里甲的约束，种种妨碍交换的因素，都要一扫而光。而且不易执行交通、通信和法制的障碍也要克服。

当英国在17世纪创立这种体系的时候，即经过两次内战前后近十年才将土地所有规律化。次之使一套通用的法律同时施用于城市与乡村，又经过数十年的奋斗。荷兰因着滨海与内地情形的差异，只得实行"一国两制"，各保存自有的法制系统，也只因地理的情形才能如此。而两方经常龃龉仍近百年。不用说，法国想弭平内外的参差不齐，尤以消除贵族与僧侣所领地产，为祸最烈。德国以创造新经济体系的姿态登场，以普鲁士原有的国营企业Seehand-lung作基础，也用关税联盟（Zollverein）与修造铁路为工具敷设新经济，也仍须向美国、巴西和智利大量移民，才能减轻对农村的压力。

凡北欧边缘的国家无不透过特殊环境才进入新体系之内。丹麦趁着各国工业化后生活发展程度提高时，采农业重点由庄稼改为畜牧，以生产肉食，又以合作社经营分配，使产品商业化。挪威因发展水电而现代化。它的地形使电厂及于深山僻壤。瑞典迄19世纪前期仍是农业国家，世纪中期之后科技进步，北部低级矿砂，至此可以开发采用。原始森林之木材也因蒸汽锯木而广泛地开采。就业既移向新方面，农业机械化才为可能。

西班牙的情形最为特殊。过去因专制皇权及天主教神父结合不容改革。一到了20世纪，感受到内外压力，新旧掺杂，议论纷纷。凡左派无政府主义者、工会及右派保皇党一齐登场。内战之后经过佛朗哥之长枪党法西斯钳制数十年。长枪党虽仍保存私人财产权，但企业经理由官僚取代。工人虽获社会福利，但不得闭厂罢工。只是第二次大战时，佛朗哥不让西班牙卷入，战后又以海空军基地由盟国使用获得美国经援，西班牙农民在长枪党专政期间已稍舒展，最近才因全国一般经济增高，总算同登寿域，进入现代社会。

和以上的情形相较，亚洲各国的开发，只见得时间上汇集的迫促。从来没有如此许多的国家争抢着现代化。而尤其农业部分的准备，极不充分。一般又以外在的力量主动，最后的发展则缺乏多边形式，而采取同一方案以致彼此互相竞争。

我们不妨先从日本说起：日本战后复兴由美国支持。当年毛泽东高唱向苏联一边倒，美国只得扶植日本以为对策。美军继续驻日，日本无国防费用，工资又低，资金与技术的转让都无问题。在50年代与60年代日货入美全未产生异议。加以又有韩战与越战，日本成为美国之后方，采办补给一部须通过日本。于是战后日本复兴飞黄腾达成为奇迹。台湾也在类似情况之下受惠。只不过台湾缺乏重工业基础，所兴革的以劳力密集的事业为主而已。

其实美国让东亚各国包括南韩的货物畅销，也并不全是克己利人。美国在第二次大战之后工商业科技也有一段突飞猛进。其下层技术低微的事业就由这些国家以廉价劳工所制商品片面填补。以致世界经济更趋向于一元。这种发展也是东西冷战苏联不支而促使中国大陆趋向西方原因之一。

只是对正在开发的国家讲：这样做法，也有其限度。廉价劳工的输出固然产生国际贸易的顺差，也逐渐使落后国家工资接近世界水平。日本的一部分不说，南韩、台湾与香港的工资超过或接近每月美金六百元时，而马来西亚及泰国等处只一百五十元，则已不如在这些国家投资开厂之为计。中国工资较各国尤低，但是意识形态的隔阂未除，外方投资亦仍有重重障碍，政府的管制过紧，外汇无从随意炒买进出，都促使西方投资集中东南亚国家。

投资的力量西渐，东亚各国都受影响，近数年来台湾社会已感到压力，南韩发现制造不如投机已如上述，五年前日本经营零售事业的大公司八佰伴移至香港，而日本地产一般也贬值百分之二十三。

所谓东南亚国家当然不是一个整体。当中包括不同形态。菲律宾曾受美国统治，保存着美国政治体系。只是政党政治有名无实，重要人物可能在重要关头脱党而加入敌对阵容，马尼拉的选举常为吕宋岛上西班牙裔大地主家族寻报宿怨的工具，酿成政局不稳。菲人百分之八十五信奉天主教，寺院田产也遍在各地成为土地改革之障碍。所以菲律宾不为各国投资的良好对象，而尤以拒绝美国持续地利用海军基地之后尤然。但传闻台湾在菲有相当的投资，只是以华裔菲人出面，所以也情形不详。倒是因为菲岛不是投机商之热门，这次受风暴的程度亦不深。

印尼富于资源，输出以石油木材为主。但是人口两亿，历来粮食不足，近数十年经过"绿色革命"——用改良种籽及化学肥料等——才能供应自身粮食。国内华裔虽只百分之二，却操纵着零售事业之牛耳，最为民族主义者及回教徒攻击。

马来西亚华裔占全人口百分之三十，约为马来裔之一半左右。过去民族间的仇怨经常爆发。又因马来人只愿做农夫渔户，不愿受雇，因之文教经济地位落后。自1970年后，联邦政府迭次立法使马来人在各方占优先权，以和缓华裔印度裔声势。

泰国内部民族间关系比较融洽，大概由于彼此信奉佛教之故，泰人又历有亲日倾向，日本投资也远较他国为多。但教育落后，北部清迈等处工厂，无法觅得本地劳工，只得向邻国如缅甸及柬埔寨输入劳工。

纵是彼此间情形不同，整个地区却有显著的共通特色：这些国家内城市与乡村间的差距大，教育仍未普遍，传统习惯不易革除，民众易受煽动，缺乏内部存聚资本的组织能力。外方的投资也先渗入大城市内的服务部门，开发的制造业则以半制成品加工为主，有如汽车零件装配成车、电子零件凑成电脑、车衣制靴。印尼所制时装天鹅绒来自上海，甚至南韩亦不能免，所造电子器材一部分零件都由日本输出。所以这一地区内接受科技之转让极有限度，其输出重点在劳动力，已渗入制成品内，接受外方投资时本地供应率为地产。

这种做法各国之间彼此重叠，好像都有无限制的廉价劳工与无限制的外资，只是角逐有限的海外市场。金融风暴的近因则起自外汇。马来西亚的总理马哈蒂尔（Mahathir）尚且提名道姓地指摘始作俑者为国际金融玩家索罗斯（George Solos），但经 IMF调查，索氏固已涉及，而牵涉更深的尚且是各国本地长袖善舞、有力量借到当地货币先期抛售的人士。他们看清各国债台高筑，所建造的又多豪华大厦，所营业又无广泛出路，所以借得当地货币卖出，兑成美金或西方货币，等本地货币不支而贬值时买还。本来资本主义的精义即是利用各处的不平衡使之平衡，也在这过程中创造下一次之不平衡。只要做得合法，也无谓道德不道德。金融玩家是谁不说，东南亚国家必有构成这种不平衡的局面才引起投机者的觊觎。唯有投机者所闯祸之大，超过一般预度，已由货币而影响股市，由当地借家而影响到国际银行业，由东南亚而牵涉南韩、日本，再波及华尔街，西欧东欧也可能受影响。

现在善后的方法可以分做三个阶段：第一是国际货币基金的紧急补助，首先必须清理债务。一部分由IMF垫还，或先付利息，将短期债务改做长期债务，有些亏空过多的银行，只能任之破产倒闭，余存的则须严守纪律，也可能受借债国政府及 IMF的监视。这种提议合乎情理，却不孚众望。如果美国人尚且不愿见他们的政府替人抵账，本地人又如何愿见投机企业家的私人债务变成国债，并且今后财政事务，受人监视，损伤国权?所以汉城与雅加达的反应已是不佳。第二阶段则清账之后各国货币必采取彼此之间一种合理的汇兑率。这也可能产生无限的争执。既为负债国，则希望本国货币率高，可以还债时付息时不多费气力。但为货物输出的国家又望币值低，以便与外界竞争，得多倾销，下一步增加生产，防止失业，因汇率的波动，也可以引起各国互相竞争之余，树立关税壁垒。第三步各界都已看清：亚洲各国连日本在内，都要扩大并开放内部的市场。这种方案执行时更多困难，也是本文讨论之重点。

我们看到各界对善后的提议，只见得彼此间观点距离之大。《华尔街日报》载有一位女士的论文，她主张在国际间片面地恢复金本位。殊不知1929年的经济恐慌，首由美国农产品价格过低，农人缺乏购买力，又因用金本位，银根太紧，借债不易，以致货不能畅其流，生产萎缩，引起大量失业，落后各国才全部放弃金本位。金融的调节，只根据经济统计增减利息行之。这位女士的提议可谓反其道而行。

又有亚洲传来消息：有人建议，树立日元区域。此议颇像马哈蒂尔气愤之辞，但如有实际意义，势必排斥美金，倡导东亚门罗主义（马哈蒂尔有此趋向，他在推崇日本之外，也在迎邀中国大陆参与他的经济企划）。日本现拥有美国国库债务券百分之九，价值约四千亿美金。依议而行势必扫数出售。若不如此，固然可以说日本为美国之债权人，但反面说日本无处投资，其本身财富尚寄存于美国，若以日元为东亚盟主，岂非仍拥戴美金为太上皇？反面言之，扫数出售，美元固受亏损，日本也先受其害，以后又更向何处投资？并且此后美国势必撤退驻军，因其无特殊之经济利益，亦不必在此地区维持军备。你既不许它为国际银行家，又如何能强迫它提供义务性质之银行警卫？各国是否愿邀日本取而代之？即有识之日人愿接受此项差遣，除非此等问题获得合适之答案，所谓日元区域之建议，亦为不假思索之想法。

《纽约时报》尚有一位专栏作家最近提出："美国日本与中国同为亚洲经济之推动力，此际善后应由三国采取主动，美国可将利息降低，宁可局部地通货膨胀，务使银根松动借债有门。日本则须大量减税，增加一般人民之购买力，用于消耗，不要全国上下一意守财。中国过去已经货币贬值两次，因之才使东亚各国失去对外销售之竞争力，此际不得再次将货币贬值。"

这项提议也没有见及问题的深远处，而且在技术上有值得评议之处。此番金融风暴之起因即系西方及日本游资太多，投资不假思索，目下银根枯竭之处已由IMF作选择性的救济，有些美国公司尚且前往抢便宜收买倒台的企业，此际如何又要扩大美国的通货膨胀，又再增加游资?并令日本减税，又能担保其不成为游资?

另一方面东亚各国希望保护他们的市场，也各有原因。内中一个共通的立场即是农业无法与西方竞争。这些国家一向就以精密工作的方式耕耘，一般地少人多。即日本自麦克阿瑟实行土地改革以来，虽然产生了多数小自耕农，一般每家占地不逾数十亩。最近也和韩国、台湾一样，由女子及老年人耕种。年轻人只在旁襄助，他们都在工厂里另有工作，才能收支无缺。

西方的农场，一般在二百英亩以上（一英亩等于六华亩）。美国中西部夏间一片金黄，秋收用大型刈麦机，驾驶室冷气装置，都成专业。纽约之苹果园摘果时用季节劳工、中南美洲人，事后车载而去。南部水田以飞机散布稻种。东方诸国无法与之较衡也。最近台湾因美国火鸡与苹果进口引起农民抗议，都表现本地农业无力与西方同等竞争。

中国大陆情形则又过之。农村剩余人口近亿，企盼往城市找得工作。政府准备收束赔本之国营事业，又势必辞退大量劳工。上海之摩天楼写字间未能租出者百分之四十，中国三千万建筑业劳工又受影响。今逢东南亚生意萧条，水泥又不能输出，片面责成其货币不得贬值亦殊难能接受也。

可是我们也不能说所有建议全不可行，东南亚注定倒台，因着本身利害，所有有关国家都望找得折衷方案，疑牵涉商业，则取舍之间必须两厢情愿。所以讨债还价之余应能逐渐疏通，只不过目下看不出一个简易方案，朝令夕行立即使问题迎刃而解。

我们所关心的，则是不论用何种方式解决此问题，外界投资已在菲律宾、印尼、马来西亚及泰国构成一种经验体系，有似中国抗战前通商口岸内的体系。西方式之法律只能适应于一个狭长地区。一入内地又是一个世界。迄今中国尽九牛二虎之力，方初步扫除此种隔阂。现今与各国至少尚有十数年至二十年之距离。这样敷设的商业城市，外向而不内向。过去经验外商向中国输出者以农产品桐油猪鬃（当日尼龙尚未登场，为制刷所必需）鸡蛋等，多零星采购。输入则以洋房汽车做代表，只增进市民阶级生活，更延长城市与乡村间之差距，况且动摇传统生活习惯，易为马克思主义者、国家主义者和正统宗教主义者借之发难。也极易产生独裁政治，因为新式法律或已颁布，支持此种法律之社会条件尚不具在。利比亚之卡扎菲、伊朗之霍梅尼，与古巴之卡斯特罗皆是也。

我为历史学人，不愿做宿命论者。难道中国曾如此，有些国家曾用锁国政策，则东南亚必如此?现今东南亚的改革乃是全国改革，货物转口通过新加坡及香港及于各地尚有越南各国紧接下班，难道必开倒车?这东南亚一个大地区领有世界上最富庶的资源之一部，又拥有大量人口，可做撼天动地的事业，尚且不怕无人投资，今日计算机掌握的科技，尚为十年、二十年前所未有。是否可以另为打开出路?我们应当互相体会：这不仅是一个货币问题，而是社会经济问题。更推而广之，乃是一个历史问题。是否投资的跨国公司有此长远打算?华裔人士是否有志协助，使这运动不尽外向而能内向?各地开明的社会宗教领袖也能开诚布公，放大眼光为子孙造福？

我所修习的大历史，只能将所有有关因素，摘要地综合起来。这样看来这地区的出处有千百种的可能性，如何筹划，尚待各专家及领导人物决策。

1998年3月5、6日《中国时报》人间副刊

印尼的彷徨

在一群伊斯兰教国家之内印度尼西亚最可能在下一世纪产生重要的作用。一因为它的人口，二因为它的资源，三因它海洋国家的地位，四因它本身之可变性。

这国家包括着一万三千岛屿，东西横跨三千英里。人口两亿，仅次于中国、印度与美国。所产石油、木材、橡胶与锡矿均在世界上名列前茅。因为地域的近接与内在华裔的特殊情形，印尼也可能与中国发生重要关系。

印尼在13世纪之前原为一群各不相属之小王国，佛教与印度教在7~8世纪（中国时在唐朝）传入，这些小王国以印度教诸神做护佑。至13世纪爪哇之马扎帕奚（Majapahit）王国有统一诸岛控制马六甲海峡的态势。它的扩张政策引起元世祖忽必烈的干预。1293年元军之攻爪哇固然是无功而返，可是自此马扎帕奚的统一运动也因之失去实质。它之令各岛称臣，也不外和亲纳贡等传统方式，缺乏统一之内在的意义。15世纪郑和之巡行南洋，即曾与盘踞马六甲海峡之海盗（也是华裔）和婆罗洲之土酋作战。可见得当时所谓印尼之跨岛王国早已有名无实。

17世纪荷兰之东印度公司开始扫除其他西欧各国在诸岛的势

力，自此整个地区称荷属东印度（Dutch East Indies）。但荷人占领诸岛，由沿海伸入腹地仍经过一段长时间。又直至19世纪前期东印度公司始将治理诸岛权力交荷兰政府。然则印尼在荷治下成为一个政治实体，名目上前后三百五十年。

荷人初攫得此群岛屿肆无忌惮。尤以处置香料群岛（Spice Islands，或称摩鹿加Moluccas在西里伯斯至新几内亚之间）最为残酷。当日冷冻尚未发明，治肉专赖香料。荷人企望专利于欧洲。凡其在各岛力之所及则全部霸占。不能控制则前往将其耕作破坏居民屠杀，剩余的强迫迁徙。马克思论"初期的累积资本"，其实况为"历史的展开乃是征服，奴役，抢劫，谋杀。一言以蔽之，武力为最"（《资本论》卷一章二十六）。征之荷兰在印尼情形所述并不为过。

即至19世纪大部时间内荷人推行的"种植方案"（Cultivation Plan或Cultural Program）亦仍尽盘剥之能事。在方案之下所有村庄均须以五分之一的耕地种植商业产品包括咖啡、茶叶、蔗糖、烟草、胡椒、肉桂、靛青、棕榄等，其价格由政府单方计值以代地租赋税。所有收获由政府指定之出入口商接收统运荷兰。凡违抗及不如额的处以体刑。各地区土著之管理人员亦别无他法，但俯首从命之外亦从中受惠。此种强迫耕种至19世纪末叶方开始收束。至本世纪才全部停止。

印尼之反荷荦荦大者有19世纪初期由爪哇王子所领导之游击战，曾旷日持久使荷人疲于奔命。世纪之交又有苏门答腊之反叛，亦用兵三十年。本世纪初年峇里之土著以人海战术企图突破荷人所设城寨。但缺乏外援，本身在科技方面又过于落后终归失败。

伊斯兰由穆罕默德创教事在7世纪，及其陆续传入印尼已在15世纪，大约与郑和巡弋印度洋同时。一般说来印尼之伊斯兰化未经大规模"圣战"阶段，而是由阿拉伯人及来自印度之伊斯兰教徒做主营建教堂，延聘教师（mullah），感动各地群众与官僚后始推动王室。因其和平演进，长期发展，印尼之伊斯兰接受吸引各地其他宗教，尤多佛教、印度教及原始巫术成分。至19世纪之末始有来自阿拉伯之革新运动，以一切根据《可兰经》为依归，既排斥其他宗教成分，亦不承认伊斯兰教高僧所作各种繁缛之解释。只是此种做法也只能在印尼伊斯兰教徒中产生分化作用。

本世纪之初又有所谓"沙雷卡伊斯兰"（Sarekat Islam）者，亦由阿拉伯人及苏门答腊之伊斯兰教徒倡导。一方面提倡激动土人伊斯兰教情绪，一面即以排华为职志。但马克思主义者利用当中群众运动之成分、战斗意识与提倡全民平等之立场，改变其宗旨，迫使阿拉伯裔退出，成为印尼共产党PKI之前身。自是印尼之群众运动，经常为正统之伊斯兰教义、民族主义、共产或反共立场长期角逐，亦甚少不与排华关联。

印尼自独立以来只有三位总统。迄至1998年5月，只两位总统。

第一位总统苏加诺（Sukarno，他原有名亚克米Achmed，以后沿用爪哇人习惯，将此名放弃，姓名只一个字），早岁被荷人监禁，第二次大战期间曾与日人合作，但始终不忘印尼独立宗旨。V.J Day后出面为新国家领袖。

此人曾被批评为好大喜功，不务实际。他实行独裁统治，又号称"督导下之民主"（Guided Democracy），自任终身总统。1962年他发动对荷属新几内亚的战争，引起联合国调停，因之该区域终并入印尼版图。1963年反对马来西亚建立联邦。他的"毁灭马来西亚运动"以伞兵降落北婆罗洲，部分并降落于马来半岛直接威胁吉隆坡。因马来西亚被获选加入联合国之安全理事会则使印尼退出联合国。他之强调亲共反西方立场，自我标榜为"雅加达—北京—河内—琅勃拉邦—平壤轴心"。在这方面他确有轻狂跋扈姿态。

可是另方面我们检讨印尼立国背景，虽仍不必对苏加诺同情，至少可以了解此人立场之由来。印尼之小岛不论，大岛则各有不同特色。土著属于三百多个不同族群，操一百五十种语言。1945年全民识字率不及百分之十（现已在百分之七十以上）。1955年首次全国大选时，有一百六十八个政党参加竞选（现今只有三个），历史最悠久的则为印尼共产党（苏加诺之党称国民党）。伊斯兰虽为印尼人民精神团结力量，本身却分裂为多数政党，有的只主张以宗教组织参加社会活动，有的则主张以教立国，以教治国。

荷兰之放弃印尼不如英国之和平退出印度，最初重组殖民地军队与印尼作战，几经调停停战之后方接受新时代之现实，苏加诺亦采机会主义，以军事行动外交谈判达到其完全独立之目的。但在1950年间及1960年间各地叛乱，大小不已。这种种情形表示印尼过去缺乏组成独立国家之经验，此际则尚未树立新国家立国之宗旨。唯有仇荷反殖民地政策延伸而为反西方，发展而为战斗性的民族主义方能掌握左右。苏加诺机智，表面上反对西方，但仍利用美国惧共心情与之谈判。其提倡民族主义又不免引起印尼人之攻击华裔，因此其政府愈表示亲中，人民则加紧排华。

1965年财政失控，通货膨胀至百分之六百。十月底一部分军官叛变，自谓肃清军中与美国中央情报局沟通之将领。大部军人不为所动，推举苏哈托（Suharto）少将为首迅速镇压叛变。指斥其为共产党主使。两方出进之间引起全国各处暴动。伊斯兰教青年极力攻击亲共分子及于华裔。事后苏加诺承认死者八万七千人。《纽约时报》载死者十万。亦有专家判断死者多至七十五万者。内中华裔罹难人数至今尚在争执中，有称多至三十万者；亦有称此数绝不可能。

苏哈托从此为第二位统治者。苏加诺在软禁中于1970年逝世。

苏哈托于1968年正式就任总统。他的政权称为"新秩序"，又自谓为"在管制下获得意见一致"（consensus through control）。骤看起来，这也与"督导下之民主"无甚出入。

但是他取得政权之后立即停止对马来西亚战事，揭橥反共宗旨，与西方各国示好，致力经济之发展，他虽为伊斯兰教徒，但竭力抑制伊斯兰教政治团体，实际以军立国以军治国。至今印尼各处地方政府尚在军人掌握之中。一般说来华裔在他执政期间生活较有保障。有的循着他的经济发展而成为大亨。因之他被攻击与他的子女坐受贿赂任华裔垄断印尼。

新秩序之初期成功基于好几个有利因素。其经济方面着重原料物资之输出，此时适值原油涨价阶段。农业方面开始引用改良种籽及化学肥料，一时称为"绿色革命"者使全国粮食不待输入已自给自足。而苏哈托取得政权期间美国正在越战的过程中，当然对他的反共立场竭力支持。

可是好景不常，以上有利的条件无从持续。80年代以来原油价格长期低迷。农业上的成功，也只有一次有效。而印尼人口虽经过管制，仍在最近二十五年内自一点三亿增至两亿。目前尚遇旱灾，谷类仍待输入。加以十余年来承受内外压力，放松进口管制，沿海军警纵容走私，苏哈托成为众怨之尤。

去年夏秋之交的金融风暴使印尼盾在数周之间贬值逾半。但苏哈托仍不乏政治上的操纵能力。他的政党组织称为 Golkar，具有职业组合（syndicalism）性质，由军人、官僚以及农工商各行业集团组成，经常在大选时获得百分之六十至百分之七十以上之选票。于是由国民参议会选举总统时，他无疑问的经常当选。（参议院有议员一千人，内中五百人由民选之议会议员充任，约一半代表各地方各行业，由总统及各级政府指派。）苏哈托今年初就任总统为未曾间断之第七届。

不幸印尼已债台高筑，因货币贬值，外债利息倍增，政府与民间均感困窘。最近所举外债又多投资于经济之服务部门，如公路、飞机场、旅游事业、计程汽车、银行地产等，一遇经济萧条，此等事业本身不能生产，多部等于废置或周转不灵。苏哈托犹且增编政府预算，以扩充刺激经济继续成长。但美国不复支持，由克林顿总统亲自电话劝止。国际货币基金IMF（亦由美国执其牛耳）则拒发紧急贷款。苏哈托不得已下令增加电费，尚可能影响粮食之津贴。雅加达学生示威，居民暴动，与军警冲突，死伤数千人。5月15日《纽约时报》印发社论，称苏哈托必须下台。他迫于众议辞总统职，由副总统哈比比（B.J.Habibie）暂代，哈宣告于两年内由公意及民主方式重选总统。

可是印度尼西亚的问题，不可能因独裁者苏哈托去职而解决。

新秩序治下的经济成长确为令人侧目。三十年内印尼之通商口岸徒具现代国家形貌。可是这样的开发缺乏纵深，尤其农业无出路，足为继续成长之累。印尼政府拥有二千个大型农场，大都由荷人创始，出产咖啡、烟草、茶叶、棕榈油、橡胶等，全部用做输出。但百分之七十人民仍为种植稻米农户。凡中国大陆五十年前农村困窘情形，有如小块经营、效率低微、耕地不足、农民负债等爪哇峇里各岛亦无一不有。即由政府津贴亦非久计。印尼如欲避免大规模之土地改革，唯有逐岛移民。苏哈托执政期间曾创始经营。但此类方案须长期间大规模执行方有实效。

印尼之制造业目下虽已占国民生产总值之四分之一，但大部出自机械精密之新型工业如炼钢、造船、飞机制造、化学肥料、水泥厂等。此外仍有以百万计之手工业店铺，主人参与做工或雇用帮手一二人。因此新兴工业与传统经济之间缺乏联系。大部国民亦缺乏购买力。整个经济只能外向，易受国际市场波动。

苏哈托之经济政策可分做三段概述：自其取得政权至1980年专注于石油及天然煤气之输出。由政府大规模举债，增加自然物资之开采与出口。自1980年后，外债之进入减少，政府以石油收入津贴各种新型工业，着重提引非华裔之企业家。各方管制极为严格。1985年后始全面放松管制。大量游资进口以及大型华裔工商业组合之活跃，均最近十余年事。

华裔在印尼人口数无确切统计，有称百分之二者，有称多至百分之四者，似此出进之间已有两百万之差距。华裔出现于印尼，至少有千年历史，但过半数以上在本世纪初年由于荷兰放宽入境限制而移入或为此期间移民之子女。当时若干华人被殖民地政府任做免税人或开设当铺放债，但大多数开设小规模店铺充任各种工匠及劳役。两次世界大战之中，荷印外岛之开发涉及石油橡胶园林及锡矿等大部得力于华裔劳工。

华裔之国籍问题，曾屡屡引起争执。以前中国北洋政府，完全不置闻问。在南京之国民政府则坚持"血缘做主"，凡华裔概属中国国民，然对印尼华裔之权益亦无曾置喙。中共则承认"地土做主"之原则，周恩来曾发表声明劝各地华裔归化为各国国民，遵守当地法律。新秩序对付华裔之政策为同化（assimilation）而非整合（integration）。原来1955年与中共之协议，华裔须自动申请始能取得印尼国籍。1967年之法律更只容许华文报纸一家存在，华文学校限期封闭，有关华人宗教上之各种表示只能行于户内。现今绝大多数华裔可能高至百分之九十已归化为印尼国民。而且大多数已采用印尼姓名。

但华裔始终被认为华裔，即与土著联姻之子女不通华语者亦然。一方面若干生活习惯不能尽除，一方面大体上华裔生活程度较土著为高。我曾遇着一位印尼朋友向我表示：只有印尼女子嫁与华人；甚少华裔少女出嫁于土著。

华裔垄断印尼经济情形可能常有夸大。但粗率估计：以不及百分之四之人口操纵约全国百分之三十五的新型工业，其声势不为不煊赫。然则另方面印尼之大型工业仍在政府掌握中。亦有人谓雅加达之最大银行家企业家中前三十名内除一二例外概为华人。证券交易所所列证券则百分之八十概为华人产业。华人之经营麻雀式之小型店铺尚无法统计。

当双方嫉视交恶时华裔商人常被攻击为惯用贿赂，好走后门。但印尼全国经济尚缺乏坚实之组织，是为一般正在开发国家状态，各种关系因人成事，尤其法令之解释与信用之批准与赋予既无客观标准，亦无法脱离权威。苏哈托及其家人即以摆弄人身关系称著。所以此形态为中国人性格抑印尼人性格至难判断。（在我的写作中曾一再指出以上情形实为"不能在数目字上管理之状态"，少用"贪污"字眼。）

另方面若干土著蔑视商业。不少虔诚之伊斯兰教徒拘于旧习以为银行放债收利亦为不道德。华裔则无此顾忌。况且华裔工商企业家原有根底，又利用家族关系，交换内在消息，保持传统信用经营方式，印尼土著甚难与之竞争。在管制未开放前常有印尼商人获得政府低息借款，将之加息转贷于华人，或向外装饰门面自称业主，实际受雇于华人。

西方专家意见：同化华裔政策已不可逆转。但至少仍须数代，始能双方感觉水乳无间。且在此期间是否无特殊事故，足以动摇全局仍未可逆料。

与此华裔问题相始终者则又有印度尼西亚之宗教问题。

出生于西印度之印度作家赖保罗（V.S.Naipaul）最近所著书《令人无法相信》（*Beyond Belief*），内中指出：以印尼之背景而热烈地接受伊斯兰实为阿拉伯人之"帝国主义"之成功。赖保罗因其本人印度背景，以为历史上马来半岛及印尼诸群岛为佛教及印度教盛行地区，今日将此传统完全放弃至为可惜才有此论说。

我们不必同情于他对"大印度"的追慕。但是一个海岛上的国家仍然墨守7世纪沙漠战争中所遗下的成规，实可视作地缘政治之错安排。

并且事实的发展仍不止此。今日印尼的伊斯兰教徒，声势浩大。他们能阻挠政府希望通过的一夫一妻制的婚姻法。不久之前（1990年）雅加达的一家畅销杂志公布它对读者所作民意测验结果：读者所崇拜的古今人物中创教先知穆罕默德屈居第十一名，位在该刊编辑（基督教徒）之下。因为群情激昂，该刊物的发行执照被撤销，编辑以亵渎神明罪被判徒刑五年。但是另一方面对宗教领袖高唱以教建国以教治国者政府仍能限制。苏哈托曾不时将一二过激分子投狱。因此最强硬的宗教领袖与官僚组织及军中将领实际互不相容。

然而印尼受伊斯兰之影响已有数百年历史，而最近百余年，程度更为加深。当荷人统辖印尼时除榨取物资外，地方管理仍由土著负责。治下之每一村庄有如人民公社。以爪哇为例：村长监督各人产业，以占用公地作为薪给。又主持公益事务，察看村民参加宗教仪节，教堂之教师及书记则维持秩序及纪律。所以基层之政教合一有如中国专制时代之儒教。

19世纪至20世纪之交苏门答腊土人叛变，即以伊斯兰作号召。事变敉平后荷兰之开明人士提倡所谓"伦理体系"（Ethical system），主张顺应土著群情，鼓励西方基督教人士与本地伊斯兰教领袖经常社交接触，停止基督教之传教工作，协助印尼人士往麦加朝圣。自此伊斯兰更为盛行。日本占领印尼期间亦奖励土著研读《可兰经》以作为反抗西方之意识形态。前述畅销杂志之民意测验，伊拉克之萨达姆仍占被崇拜者之第七名。可见得同教之情谊及反西方之意识均于此间表态。

印尼法律规定全国国民必须自动申报为以下五者之一：伊斯兰教徒、天主教徒、基督教徒、印度教徒或佛教徒，不能无所属亦不能在此五者之外。近年统计：称为伊斯兰教徒者已逾百分之八十五，迫近百分之九十。但专家指出：内中有多数实际无所属，或信奉本地各种传统土教，只以避免官方纠纷，自供为伊斯兰教徒。

即实际信奉伊斯兰者，亦分为"虔诚之伊斯兰教徒"（santri）及"名义上之伊斯兰教徒"（abangan）。前者人数少（实际人数无法获知因此种区分无从客观之划界），而维持高姿态（high profile），易于鼓动群众。尤以轮船通行以来，每年往麦加朝圣者数万人。每一朝圣后，被人尊为"浩知"（Hajji），此字为姓名前之头衔，因之终身受人尊敬，爪哇之本地商人及大地主多为浩知。他们亦多以反基督教之名义排华，因华裔富商多为基督徒。

苏加诺及苏哈托均为名义上之伊斯兰教徒。他们不能忽视伊斯兰所发动之群众力量，却又不愿视伊斯兰领袖以宗教渗入政治，一则分裂全国，一则为行政之掣肘。（苏哈托除与华裔富商接近外，其政府中之经济专家亦常多基督徒。但彼亦已于1991年往麦加朝圣成为浩知。）

无疑的，伊斯兰在现况之下不加改革足为印度尼西亚现代化之累。

有些伊斯兰教教徒歧视银行放贷生利，有如上述。殊不知现代经济之首一要诀，即为负债经营，除非资本广泛的流通，很多企业无法创始，而国家经济体系之中亦产生多数罅隙，上下前后左右不能结合为一体。此正是今日印尼厄运之所由来。

一夫多妻制亦是社会中层脆弱一大主因。赖保罗书中有此一段：

> 直到后来我才获悉马利门是他父亲住在同一村庄里分居的两个家庭中十七个儿女之一。又直到后来当我旅行的时候，才发觉伊斯兰教之重婚与简易之离婚手续不仅是男人的色情关系。这"制度"损坏了家庭，它产生了一个半是孤儿

的社会。一个家庭被父亲抛弃，他又再去另创第二个和第三个。这是一而再再而三重复［产生］的故事。

在社会心理上的影响不说，在经济上这种做法也可以使一个坚实的中层社会无法产生。伊斯兰法律着重重婚男子对各房妻室同等赡养同样遗传。如此稍有能力聚集资本之家庭亦迅速地成为贫户。伊斯兰教徒以其社会中之平等观念自豪，并且嫉视西方性道德之泛滥。但是其本身之平等取自低水准之平等，并且又将维持性禁忌之责任大部推放于女子肩上。

我们说伊斯兰之发展于印度尼西亚乃是地缘政治之错安排，乃因伊斯兰教教条着重单一雷同，商业只通有无，不注重寻觅机缘投资制造，及个人无限制的累积资本。每日匍匐向麦加祈祷五次易行于骆驼商队。这一切在亚洲腹地北非之干旱地带接近沙漠地区行之有效，处于印尼地形复杂物产丰饶，尤以这国家企图通过经济发展而现代化之际实自相掣肘。

伊斯兰教与基督教之重大分歧在于伊斯兰不承认三位一体（trinity），否定耶稣为人舍身赎罪有神灵力量。但后者因此构成良心上之事各人自身做主，尤以宗教改革后自此脱离僧侣羁绊而尤然。伊斯兰教教徒今日尚承袭于教师（mullah）之下，以外在之纪律为依归。彼等之墨守成规势态必然也。

我们看来：新时代之伊斯兰教徒亟应通过马丁·路德之宗教改革阶段。尤以今日教育普遍，识字率增高，时机业已成熟。穆罕默德虽否定耶稣为神，但《可兰经》内仍有"定命论"之段落足为良心上各人自主之根据：

［注］如果安拉（上帝）准备启发某人，他开放他的心胸；使他接受伊斯兰。他如果有心让他挫败，他可以使他的心胸

又窄又小，使他有如平步登天一般的困难。这样安拉对不皈
依受教的予以天罚。(六·一二二)

　　经中又迭有"安拉仁慈，正义之人必受到宽恕"或类似辞语
的慰藉，所以纵放弃沙漠战争之成规，亦无损于《可兰经》之一神
论。只是过去伊斯兰领袖提倡不顾历来高僧讲释，直接研读《可兰
经》，犹且引起无数纠纷。事关宗教，又非外人所宜置喙。
　　叙述至此，作者与读者当共体会今日中国处境之艰难。无辜
华裔被害固然不当含默。然则过度伸张又可能被指摘为干涉他国内
政，徒予人以口实，于事无补，或更增加华裔之困窘。所以中共政
府只对近事作极温和之谴责，因彼邦财政困难仍支援接济。我们尚
须注意中国境内尚有数以千万计之伊斯兰教国民，而西方倡导"文
明冲突说"者且在预言"儒教国家"将与伊斯兰同流，与西方各国
作战。国际关系间之敌意与误解易结难松也。

　　从以上的情节看来，印度尼西亚的问题涉及经济组织宗教种
族多方面，各种因素又互相关联，需要高度的忍耐，从长期间取
得解决。可是今年之政变又再投入一个新的未可知因素。此即现
总统哈比比态度。他是印尼伊斯兰教知识分子联合会 (Indonesian
Association of Intellectuals，ICMl) 之会长。
　　前已言之，印尼之统治者希望以伊斯兰维持秩序团结人心，又
不愿见伊斯兰教团体干政，已历有年所。即在日本占领期间，日人
亦感伊斯兰教团体众说纷纭，于是指令此种宗教团体归并而为一个
大组合，称为Masyumi。印尼独立后Masyumi立即要求以教建国以教
治国。苏加诺拒绝，并指令停止Masyumi之政治活动，但保证印尼人
民尊奉"一个神明"之主旨，可以以不同之宗教方式表示。这出处
成为现今"五个原则"(Pancasila) 中之首一原则，亦为今日印尼

人民须各自报称属于五种宗教之一的根据。既然五教并行则不得互相侵犯，违者处刑。

苏哈托执政后并通令执政党（Golkar）之外，其余反对党归并为二。一为联合开发党，一为印尼民主党。伊斯兰教团体归纳于前者。迄至现今为止两党在选举时未曾表现有意义之突破。此固然由于苏哈托之铁腕政治，能以军人控制地方政府，操纵选举。但另一方面亦表示伊斯兰只有最基层之凝聚力量，教民所关心者为传统教条教规。在全国方面，伊斯兰尚未有一个妥定之议程单，无操纵内外政治力量。

此局面可能在最近打破。

哈比比留学德国，修习航空工程，获有博士学位。他与前总统苏哈托为世交，由苏召还回国服务。在今年3月就任副总统前为苏哈托政府中之科技及研究部长。哈比比为虔诚之伊斯兰教徒，每日祈祷五次，每星期二、四绝食。他所主持之重点工业包括炼钢造船，而以制造飞机为最。在他督导之下印尼与西班牙一家工厂合作，已制成涡轮式螺桨飞机一种，预计2004年可制成喷射式飞机。评者谓哈无成本利润观念，部分零件尚需购自外方，且其属下工业漏税，但哈比比辩称他的目的在接受尖端科技，培养人才。他在议院答复质询时谓印尼经济近乎三分之一被华裔十个大型企业组合包办，政府必须举办大型企业以资对付。伊斯兰之出路，在于掌握科技为人民造福。

印尼伊斯兰教知识分子联合会成立于1990年，由哈比比亲持发起人名单经苏哈托阅后批可。内中另一闻名人物则每年巡游海外，予印尼留学生以精神训练。伊玛都丁（Imaduddin）修习电机工程，曾任大学讲师。二十年前曾因在群众集会作煽动性演讲被监禁十四个月，现为知识分子联合会主要发起人，主持电视节目。他与哈比比结合，当然志不在小。

但据前《远东经济评论》通信员史华兹（Adam Schwarz）研究，印尼伊斯兰教知识分子联合会会员包罗大学教授、政府部院首长、各级官员、伊斯兰思想家以及伊斯兰教领袖之中希望藉此出头人物，迄今仍意见分歧。应否包括名义上之伊斯兰教徒，应否剔除印尼伊斯兰内之本地文教成分，甚至联合会应否成为政治工具均无确切的解答。史华兹又判断：苏哈托曾瞻顾内外，发觉军中对彼之支持，已不如以前热烈，才接受伊斯兰之社会活动以作对策。

　　我们从技术的角度看来则哈比比之企划有如中国一个世纪前之"中学为体西学为用"。而实际两者不能相互支持。印尼今日亟应注意的为其经济体系之组织结构，而不在繁褥之文饰。尖端工业缺乏社会支援及于商业之批发零售信用转贷等互为环节，亦终为社会之外界体。精神力量不能填补此庞大之罅隙。

　　刻下对印尼伊斯兰教知识分子联合会作最尖刻之批评者亦为雅加达之一大闻人，华希德（Abdurrahman Wahid）不仅名闻遐迩而且迄今又为印尼最具争议性人物。

　　他公开对印尼伊斯兰教知识分子联合会诸人之支持"五个原则"质疑。他认为他们的目的在驱使印尼成为一个彻头彻尾的伊斯兰国家。他反对苏哈托的独裁专制，但是他认为印尼如果以教建国以教治国则比今日之无政治上之自由，至少各人尚能在宗教方面选择的情景还要坏。华希德自己领导印尼最大的伊斯兰教团体"伊斯兰学者协会"（Nahdlatul Ulama），被新闻记者称为"那个瞎眼的老僧侣，他有三千万信徒"。他之态度如此，看来费解。

　　华希德视力甚低，但非瞎子。他现年刚五十余，也不算太老，他更非僧侣。他不仅为虔诚的伊斯兰教徒，而且数代如兹。他的祖父曾往麦加朝圣，他的父亲滞留于麦加两年。祖父回印尼后开办了一所伊斯兰寄宿学校，最初由八个学生陆续扩充至他去世时已四千人。他的父亲又继续祖业，曾在印尼独立时任苏加诺政府中之宗教部长。现今伊斯兰寄宿学校遍设于印尼每一村庄。学者协会NU有会员三千万人，从办学创下基础。原为联合开发党之一部。1984年华希德使之脱离联开党，但他仍蝉联当选会长。他的意见不一定被普遍接受，但是为人获尊重，当苏哈托在任时，华希德为唯一能在外国新闻记者前批评总统之人。

华希德认为印尼政府应当放开视听，接受伊斯兰舆论，他反对的是政教合一。他认为伊斯兰教应当是一种道德的力量，不应使人见而生畏。印尼的少数派充实国家的新生命，应当接受保护。伊斯兰信徒应与华裔和基督徒合作。华裔经营的企业也应当继续。他尚且反对苏哈托的合作社运动，因为这些合作社无实效。他认为印尼大多数人民实际无所属，应当竭力感化。

如果我能作一个不伦不类的比喻的话，则华希德的立场很遥远地可和英国17世纪宗教冲突时的独立派之立场相比。这些独立派坚持"良心上之自由"。他们不愿强迫旁人就范，也绝对不容许旁人以信仰上之事要挟。所以在克伦威尔执政时信教自由及于犹太教而不及于天主教，因为当日天主教仍想恢复总揽基督徒的地位。此中相似之处实有夸大，但是这比喻可以协助了解华希德的动机之由来。

这样看来华希德纵不能成为领导全国的人物，他之坚持反对的立场，仍对印尼政局有实切之贡献。

所以印尼今后一年的政局还有很多变数。苏哈托虽辞职，他并不缺乏幕后操纵的力量。军中将领的意向，尚不明显。今后几个月经济的发展，也可以影响到民意与明年的选举。而且外间的力量也仍可能有重要的关系。美国透过IMF，成为债权国，可以投入负的因素。因为在伊朗和菲律宾的经验，美国总是想和不孚人望的领导人物保持距离。今年5月由于IMF拒发临时紧急借款，即足以加速苏哈托的去职。

印尼的近况，可以与中国近代史并读。印尼的困窘杌陧以及内部的参差情景，百年内外中国无一不有。印尼的华裔问题远不过是内部少数民族操纵本国经济。中国则有租界及领事裁判权，使沿海及通商口岸的经济，整个外向。仇外的情绪，曾激起义和团事变，而中国终于将两千年来的专制政权整个推翻。民初的行宪也注定地无结果，因为所写宪法只代表一种理想，与社会的实际情景，并不衔接。最后发现彻底改革，只有整个地清算"尊卑、男女、长幼"的旧社会。五四运动时的"打倒孔家店"不算，"文化大革命"尚使余波震荡数十年。读史至此，中国人应心安理得，觉得过去的历史，并不是一连串的错误。中国百年内外的问题与今日印尼的问题相较，也可以说是不伦不类。但是彼此之所面临已是一个组织结构的问题而不只是政策左右人事参差的问题。我们的了解应从大处着眼。

　　今日印尼并无如六十年前的中国之有强邻压境，内外煎逼。况且又有丰富的资源和很多岛屿上面人口稀少的空间足资周转。有了这些优势的条件应当避免重蹈中国之覆辙，以和平方式解决问题。我们无意"好为人师"。但是读史至此，南望南中国海，为着印尼人民，为着华裔，为着我们自己，禁不住要表示这样的期望。

印度教与核威胁

我们教学历史的人，经常对宗教题材感到困难。因为历史属于社会科学，事物的铺陈必受逻辑的检束，宗教则可以出入于逻辑；另有神秘主义（mysticism）为主宰。

历史学家汤因比（Arnold Toynbee）曾说各种宗教之中以印度教最符合逻辑，亦即它的立论最为前后连贯。汤因比说他自己愿意翱翔于基督教与印度教之间。如果他在二者之间必择其一，他只有选择印度教。

我们不必和他一样认为逻辑必较神秘主义为优。可是我个人的经验，却在一般学子面前极简单的阐释各宗教之大意（如在一般美国大学一年级学生之前，以两小时发挥一种东方之宗教，这也就是历史课程所赋予时间的限度），印度教的解释，最容易开初学者之门。

这教义由几个简单的观念组成。karma乃是因果关系。凡事既有其因，则必得其果。虽说不必立刻于当时或当事人身上显现。dharma乃是"法"，不一定是我们的民法刑法，而是自然法规。如果你的汽车驶行每小时一百公里，前车已刹车你还在加油，必有撞车之祸，即是法网难逃。而佛法无边之法，也属于这dharma。

人世间的关系也不出几个范畴：kama（注意：内中无r）乃是情

欲，凡饮食男女的欲望概属之。artha乃是金钱物质之所得。 moksha 为解放与超脱。印度人相信生死轮回，但是一个人的行动不受本身欲念纠缠，可以无后果。有如外科医生以解剖刀切入人之肺腑但无恶念，是为niehi-kama karma（直译为不见欲念之后果），简言之即无后果。一个人经常如此，即可以避免轮回再世，得到解放与超脱。

一个人信奉印度教，他们并不鼓励你立即得道成仙。他的生活分作四个阶段。第一阶段为学徒（disciple），第二阶段为众生（householder）。此时他应当成婚。印度教不主张保持童贞，他们所述的男神女神，个个都已结婚。凡情欲好货各节，也在这阶段满足，只是一个人之生命有限，他在各方刚一满足即应知适时而止。因为时日不多，宗教上的要求尚有次一阶段。此第三阶段为隐士（hermit）。不少印度公司之经纪人事业颇为顺利，而偏在此时突然退休，将事业交付于人，而自己则追求精神上之解放。至第四阶段则为"苦行者"（ascetic）。隐士尚只割断各人之社会生活，苦行者甚至连生理上之必要需求亦逐渐戒断。这样一来入世出世可以循序渐进，无剧烈之裂痕，也可以人人得道。

一个譬喻：印度教有如令宜兰滨海之人不论男女老少齐奔往塔曼山之山巅，不到不止，其昼行夜宿，有如生死轮回，今晨出发点有先后，乃因昨日功夫参差，因果所至，全属karma。途中前进技术不同，平地可以跑步、涉水须游泳、爬山用绳，此各种因事制宜之法则，尽属dharma。当登山时每见晨曦初显，各人酬劳自己，饮咖啡一杯，放宽胸怀，欣赏东海景色，是谓kama。不过须考虑时日不多，不宜逗留太久。路上与同行之人交易，以便当一盒换得三明治两份、苹果一个，入多于出，其经济价值属于 artha。然则纵有如此种种分心之事，最终目的仍在山巅。至此天地浑然，身心如一，无尘世之俗念。这种解放与超脱有如 moksha。所以概括综合的解释，将天人人间之事全部收纳，亦无一例外，亦毋庸涉及神秘。因之印度教被认为合乎逻辑，前后连贯，它给任何人都有鼓励与引导的力量。

可是不受神秘主义束缚的宗旨，不能始终贯彻。因回生转世即产生"鬼神再生"（divine incarnation）之原则。其立论基点在认为一切神灵之主宰尽属Brahma，但是这神灵之主宰可以因借着不同之"人身性格"（human attributes）分裂为二，亦即 Vishnu主保养；Shiva主破坏。这两级之神灵也可以因借着更为分析着较为繁复之人身性格出现为多数之神灵魔鬼。总之具有差别与高低，溯本归源仍始于一。于是由一神论而为三位一体，再由三位一体而化为多神多鬼，有些印度教内之女神婀娜多姿，身体半裸；为人崇拜之魔鬼面目狰狞，腰缠一串骷髅。然则依神学解释，彼此都各代表宇宙现象之一面。

而且因果循环回生转世之原则支持职业遗传之种姓制度。"婆罗门"为教师，"刹帝利"为战士，"吠舍"为商人及地主，"首陀罗"为农奴。这四级区分，统称为"华纳"（varna），意为颜色。专家考订：公元前始分种姓时以肤色作主，白皙为上，黝黑为下。今日此种区分大致已与当初设计脱节，例如婆罗门有同贵族，而印度人注重饮食，凡食物必由同种姓或较高种姓之人手处理，以致今日多数之婆罗门任作厨师。各地地主，也多刹帝利。他们在中世纪战胜既攻，久之则拥有村庄内之土地。甘地（Gandhi）一姓在近代印度史内煊赫（不过圣雄甘地与尼赫鲁之女甘地夫人并无亲属关系），甘地一词在印度语中则为"杂货店主"，所以应属吠舍。

自中世纪以来在印度村庄盛行者称"查支曼尼体系"（Jajmani system）。每一村庄必有一种姓，领有全境耕地，我们无妨视之为地主种姓，是为"查支曼"（Jajman）。又有多数带服务性质之种姓，称为"卡明"（kamin）。通常每一村庄，不可能少过于二十个，有的也出入村庄内外。他们婚嫁出自本种姓，职业遗传。浣衣之卡明，浣洗所有衣褥。理发业之卡明，男子理所有男子之发，女子亦为全村妇女洗头。地主种姓如有婚嫁，制陶之卡明供应全部坛罐盆碟，均待收成时一次付值，通常为一人或数人所能肩挑之谷物。每一村镇均有其五人委员会（panchayat）管理。每一带服务性质之种姓亦各有其五人委员会代表共同利益，也仲裁各项纠纷。上述安排除稍有减损之外（如新式剃刀出现，即使理发之卡明失去凭借），仍残存于印度北部。

各种姓之下尚有"贱民"（untouchables），包革皮革匠以至扫街者。因为他们削割动物之皮，清除沟渠秽臭，其他种姓回避，以免在热带气候染疫，积之遂成贱民。他们之中亦分等级。二次世界大战中，中国伙夫偷懒，常招引附近贱民为之任杂役而酬之以残余食物。我曾服役军中，所以在人身上已彻底被污染。

历史学家认为种姓因地缘政治而产生。印度之次大陆（subcontinent）南部濒大海，北方之人字区域亦为高山丛林掩盖。唯独西北角有狭道数处为历来外间民族入侵之处，历史上却无由此向外扩展事例。于是次大陆有如布囊，长期囊括各种民族。印度亦无中国长期间胡汉通婚习惯。社会上处置新来民族办法为令之经济上构成职业团体。又在印度教诸神各有等级高低的沿革之下，令之崇拜某种神灵，亦无须政府干预。

读者如询及印度友人彼等多谓种姓制度业已废除，五人委员会亦不存在。此种说法只有片面之真实性。种姓制度为印度自古以来村庄内之基本组织，不能以一纸文书罢革。只有在组织军队、开设学校、兴建工厂、增进交通的声势下逐渐侵蚀其旧组织。而今日新型经济不能整个收拾旧社会。（要是能时整个印度必已改观，而且影响全世界。）所以不仅查支曼尼体系不能尽除，五人委员会仍具力量。距今只十年《纽约时报周刊》即载一近事，有高级种姓女子与贱民男子私奔，被擒获由五人委员会判死刑。又印度法律禁止童婚而实际孩童十岁或不及十岁联姻仍常有。印度友人亦非有意欺骗。大概他们也像我们自己半个世纪以前一样，只醉心于外间世界，对本土内部反不闻问。

况且坚实不移的印度教徒尚视种姓制度为理想安排。神有等级，为不同之人模仿的标本。人也有高低，因之各人进德修业为来生转世进步升迁之准备。种姓即为此而设，正如学校之有班级。骤视为不平等，倘使人人经此生死轮回，则为合理也算平等。

历史上反对种姓的力量出自两方面：佛教可算印度教内提出改革的一种运动。但是在印度长期缺乏统一的过程中，种姓赋予基层的社会以凝聚力。佛教徒反对，却提不出代替之方案。所以以后佛教盛行于东亚各国，反不能于本土立足，另一种外在的力量反对种姓即为伊斯兰教。当12世纪伊斯兰教徒侵入印度时，伊斯兰信徒已具有坚强的政治军事传统与不可妥协的一神论。印度教不能使之同化，相反的伊斯兰教吸引不少印度教徒，尤以低级种姓易被感化。

英国在17世纪侵入印度后，印人谓其"分割而后征服"（divide and conquer）以宰制印度。事实上英人确曾与不同王子交往，征伐彼方，与此方结盟。但最先纯依东印度公司商业利益，无全盘计划。18世纪则与法国争雄于天下，开始席卷次大陆。但即夺有全印度，仍只有中央地区据为英国领土。其他区域与各王子订有长期条约，英人监视其军备，代之抽税理财。 1947年英国退出印度时先将英属印度之中区保留为印度，东西两侧伊斯兰教徒较多地区划分为东部及西部巴基斯坦，各王子听其所属。事实上各人甚少选择，也只能以就近所属及以其人民信仰为依归，纵如此两方仍留下不少对方之教徒。至今印度之九亿人口中，至少仍有一亿半为伊斯兰教徒。巴基斯坦境内亦有以千万计之印度教徒。自1971年印度与巴基斯坦之战争后，东部巴基斯坦已独立而为孟加拉国（Bengladesh）。迄今印巴两方已有停战协定，尚未解决之边境冲突则在北端之喀什米尔（Kashmir）。此域之争执，亦牵涉上中国。至今人民解放军所占领之一部，不少印人仍坚持为印度领土。

印度教徒与伊斯兰教徒之冲突，早有历史沿革。自10世纪伊斯兰教徒每年在边境掠夺，至16世纪突厥系伊斯兰教徒树立蒙兀儿帝国（Mogul Empire）于德里，所有军事行动，均以伊斯兰之"圣战"方式执行。〔只有阿克巴（Akbar）为帝一段时间可算例外。但是他的妥协方案即为下属强硬之伊斯兰教徒反对。〕自各地方志亦可看出：每一地区换手，战胜者即将该地教堂改作本方教堂。

伊斯兰教教堂之为"清真寺"本为至洁至正。信民齐声祷告，集体膜拜，印度教徒以神龛装置各色神灵，可能三头六臂，也可能锣鼓喧天。印度教徒崇拜神牛，痛恨伊斯兰教徒宰牛。两方相遇，经常口舌相讥，以致投石块，动拳手，彼此都以为自己在护卫神明，亦无法妥协，以致非死伤狼藉不休。1947年划国界时双方难民越界投奔迁移，在不少村落中车站前引起大小规模冲突，死者总数据估计在五十万至百万之间。

印度教之神学哲学思想深具一种精神胜于物质之观念，而印人亦以此自豪，甘地之消极抵抗终使英国退出印度。以后尼赫鲁又发扬而为"不结盟方略"（non-lignment），不结盟与"中立"（neutral）不同，后者站在争执者两端之间，好歹不闻不问。不结盟虽不袒让一方，对好歹偏要闻问，不过以一时一事为依归，不完全依附一方之逻辑，当日东西冷战之间，两方都在争取第三世界，而一时印度之外交家品评人物议论是非，自信独具精神上之优越态势，各方对之亦无可如何。而印度亦仍同时接受美苏外援。

印度与中国交恶，亦离不开双方自大立场。蒋介石时代中国国民党即以扶助弱小民族自居，第二次大战期间蒋介石访问印度会见甘地及尼赫鲁，此行引起丘吉尔不满，而蒋箴告印人，谓英国已允许战后给予印度自治领地位，应即接受与之合作，亦使尼赫鲁等反感。彼等以蒋抱优越感，自以为授惠于人，实际则空口瞎吹。此种反应见于日后中国内战期间印度予蒋及国民政府之尖刻批评。

背景上自19世纪以来西方作家即经常以中国与印度并列。两者均为文明古国，两者均人口众多，在近世纪不仅落后而且彼此沦为西方之殖民地。但中国人自问未曾亡国，只以印度朝鲜为戒，不屑与印度朝鲜为伍。人种上之偏见亦以印度人皮肤黧黑，能力智慧必为低下。不知大部印人属雅利安语系，面目轮廓与欧人同，亦睥睨中国人。又两方均以生活最低现象概括对方，实际印度之高层社会语言态度举止全部效法西方，尚为中国所无。

我曾遇一同事云："历史上印度授予中国者甚多，得自中国者绝无仅有。"我不能谓之颠倒史实。佛教之传人亦影响中国美术建筑及哲学思想等，无可置辩。但彼未提及的乃是文化输入由于中国僧人往印取经，而甚少得力于印度高僧来华传教。而此同事对郑和航行时孟加拉迭向明廷朝贡一事则不愿提及。此等情节迄今尚少记载，只有长期往来两者之间方可道及。只见得彼此之间国民心理甚可能左右外交关系。尼赫鲁闻及中共已自青海及新疆修筑公路至西藏，曾说："以我们落后的邻邦能有如是成就，也是好事！"其言辞指向偏在印度强于中国。（不过我于五十余年前旅行于印度，眼见彼邦交通通信实优于中国。）

1949年毛泽东宣布中华人民共和国成立，印度紧随英国，即于翌日承认。以后又陆续为中共捧场，希望其在联合国取得台湾政府所占席位。1953年尼赫鲁至北京传达艾森豪威尔旨意，如中共继续拒绝在韩国停战，美军将使用核武器。以尼赫鲁外面示好内心蔑视中国之态度，中共对其善意之反应，亦可能如印度在1942年对蒋介石善意之反应。

凡新兴国家必有振兴军备整饬历史上边疆状态，印度虽表彰其和平处世宗旨，对兹项筹划从未放松。立国以来，已与巴基斯坦交战三次。1971年干预东巴基斯坦内乱，进而促使其独立为孟加拉国。1959年以武力占领葡属港口哥亚（Goa）。1960年间与尼泊尔发生争执，尼人谓其窝藏彼国反政府人士。对付锡金则先促成其承认为印度之保护国，1975年终并入印度为第二十二省。可是中国自人民政府成立以来，亦陆续用兵于四方。其原因可能不同，然印人亦至难接受其解说。

中国于1950年开始进兵西藏，印度抗议，中共斥其干预中国内政。1959年达赖喇嘛出走，印人纵之组织流亡政府，藏人奔印者十万。至今达兰莎拉（Dharmsala）接受外国援助，俨如藏人城市，喇嘛僧侣驰吉普车于街衢，为中印交恶一大主因。

1962年中印军事冲突发生于东部在印度之阿萨密（Assam）与西藏交界处，西部即在西藏新疆与喀什米尔毗连山区，两处以前均无人烟，亦均为两方争执之地。但西方媒体大部接受印度立场，谓人民解放军侵占印度领土。事后西方学者考证则又谓军事接触咎在尼赫鲁，他曾下令驱逐中国军队，不料印军大败。人民解放军除自确系印度国境之一部撤退并发还俘虏单方宣布停战外，迄无解决方案，而尼赫鲁亦不久含憾去世。

只在1990年间中印始重开谈判，1993年签订有关边境冲突条约，但印度已觉自尊心受损。况且中国不断声援巴基斯坦，是以两国关系始终冷漠。

此次印度试验原子弹爆炸五起，表面上打破亚洲腹地的平衡，但二十四年前印度即曾试爆。该国之有原子弹爆炸能力早在观察者预度中。（同样的，巴基斯坦也有此能力。）并且他们判断：原子弹爆炸有示威作用，一方面固然向中国及巴基斯坦表态，一方面也藉此鼓舞印度人心。缘由为近年以来印度失去外交活跃之场面，经济方面又无突破，虽号称"世界最大之民主国家（以人口论）"，而实际意态低沉。新首相瓦杰帕伊（Atal Bihari Vajpayee）代表最右之印度教党（Bharatiya Janata），藉此增加他的声望。果然，民意测验赞成试爆的占绝大多数。并且这些观察家尚且指出：中国大陆已有核弹头四百枚，所以印度立即与中国核武装竞赛的公算不高。即瓦杰帕伊在试爆后接受《新闻周刊》的记者访问，也仍称印度愿和巴基斯坦及中国增进外交关系。

虽说如此，我们对这样的局面不能彻底安心。世界上的国际纠纷总是易结难松。很多保卫和平的工作可能数十年的惨淡经营，废诸一旦。印度三位政治家甘地，都因暴徒刺杀殒命。迄今西方还有不少人士以中国为假想敌或预想敌，在这种气氛之下，中国永久地牵涉于印巴两国的宗教冲突之中，不是适当的决策。

西藏问题不应当为中印两国关系之裂痕。西藏果真要独立，不能避免组织军队（不少的激进派尚且憧憬于"大西藏"之幻想。希望西藏包括青海之大部，川康之各一部），发行货币，则不可能为现在喇嘛体制所可承担。我们也想不出藏人既要现代化，如何可能避免中共在该自治区的改革与建设。这当中也包含着达赖喇嘛的暧昧游离，他的态度好像是说我不坚持独立，这是我哥哥的主张；我反对用暴力，但是我下面的人并不如此。所以中共也利用这种矛盾。一方面不希望达赖回藏引起藏人激动，一方面也仍希望达赖继续其和平奋斗，将问题变化。印度当局并非毫不知情。文化大革命期间，藏人奔印无从截止。今日时过境迁。最近几年来对达兰莎拉已渐冷淡，指望藏人检束，不愿得罪中国。〔达赖的态度已有美国《外交杂志》（*Foreign Affairs*）批评。而达赖也在改变态度，承认中共已在转变。〕如果中印两方消释敌意，此等纠纷应不难解决。

此外中国人务须拒绝接受不断在与印度竞争互较长短的说法，两方的不同主要由于地缘政治。印度因"囊袋"地形，历史上无组织常备军长期拒敌于国门之外的事例，如是缺乏中国式的中央集权体制。由于事实上的需要，印度人尽量地放纵想象力，不论是宗教教义或文学，他们制造一套大系统，将一切兼容并包。凡逻辑不能到达之处则委之以来生再世。品物只有前后高低，没有好坏。但是从查支曼尼的体系看来，他们已将神学与经济浑然构成一体。即是尼赫鲁的不结盟方略，也仍是源于印度教一切兼容并包的传统。

从广义的宗教眼光看来，中国也是一个宗教性格浓厚的国家。孔子说："生，事之以礼，死，葬之以礼，祭之以礼。"有在血缘关系中求永存的意义。既然将生活之目的与生命的意义都放在敬宗法祖的前提下，这也就是一种宗教思想。表面看来这与神秘主义无涉。但是生命的起源与宇宙的终结都不是人类知识所能掌握的事物。我们对这样一个未知数如是得虔诚崇拜，这样得信托，也就不期而然地沾上神秘主义的用意了。事实上中国的专制政体与宗法社会互为表里，通过朝野上下，也左右着农村组织与农村经济。

印度的放纵想象力与中国的严守纪律接受仪礼都曾使两国文化发扬过一段灿烂光辉，也都在西方物质文明冲击之下不能立足。这一切经过不是任何人物任何朝代所设计制造，而是由环境及往事的要求长期演进而成。即是尼赫鲁自己也说过："中国与印度都担当着沉重的历史包袱。"这样的发展与民族之优劣，个人之贤愚不肖无关，尤无互相竞争的态势。

在改造或调整而接受西方体制时中国所受内外压力远较印度所受为大。（吊诡的是印度已受英人统治，反而无救亡图存的情势紧迫。）所以推翻专制，军阀混战，五四运动，武力统一，八年抗战后紧接着又是四年内战，以至土地革命、文化大革命，岁无宁日。只有事后看来，方能看透当中的逻辑。从一个"尊卑、男女、长幼"的社会改造而为一个现代社会，影响到十几亿人的衣食住行、思想信仰，不是那么一件容易事。今日的读者可能不满于毛泽东所说，"革命不是请客吃饭，不是做文章，不是绘画绣花……"可是大约同时间鲁迅、茅盾、巴金等所发表的文字也是同样的如火如荼。尤以鲁迅在《狂人日记》里写出，古籍里的"仁义道德"，细看全是"吃人"。这样的著作能在当日畅销,也只表示内外情势逼迫,全国知识青年已准备行动作天翻地覆之壮举。

　　印度未走上这剧烈的道路,一方面固然由于反暴力和非暴力的传统,一方面也由于背景上缺乏如中国中央集权、政教合一的体制,足以作为革命的对象。英国可以用不合作的方式使之退转,苏联与美国可以与之周旋,既未在行动之中产生一种新的军事管制力量,那也就可以直接进入民主体制,让全民投票直接选举了。只是有其利则有其害,如是和缓的改进,有时看来好像凡事保持原状(status quo)。乡村中原始分工合作的办法可能由城市中开设工厂而瓦解?基本的生产不能改进而能执行全国的计划经济?有些印度人已在质疑。但是这不是旁人可以越俎代庖可以解答的问题。

　　总之,针对世界局势的大转变各民族和国家的决策,显示着内外所受冲击,也反映着个别的历史背景,长期的追溯过去,则牵涉上天候与地理,中国与印度的表现不同,但不能让旁人指说,参与某方面的竞赛。在公元之前3世纪,孟子即告诫不要"好为人师"。蒋介石与尼赫鲁都已犯上了这样的错误,可为殷鉴。

　　写到这里(5月28日),内人格尔进来告诉我:电视快报,巴基斯坦也针对印度的挑战,作核试爆五起。这更应当促使中国置身于印巴宗教冲突之外。本来中巴的连横,一方面是防备莫斯科与新德里之合纵。现在苏联既已解体,是好是坏,印度与巴基斯坦又在核试爆之气氛中再度表现它们力量的平衡,北京更当心安理得无所偏袒,只站在第三者的立场将国际间紧张的关系放松,不再像第一次大战前的列强一样,纵使自己的国运决定于国土之外,并且以目前的形势加入与己无关之宗教冲突,进入核竞争的圈套。

日本，Nippon，Japan

　　最近几年每逢重要的抗战周年，有如1995年的战事结束五十周年和1997年的卢沟桥事变六十周年，都有朋友邀请参加他们的集会。我都借辞推托，原来电话里也难能解释，他们的集会，都有发愤雪耻示威之含义，我如参加，势必表态。朋友们没有想到，在重要的集会表态已不只是私人言论而近于公众之行动。我虽然不反对他们集会的动机，但是既已牵涉上国民外交，应当瞻前顾后，将所有有关因素提出通盘考虑，我的专长在历史，本来应当就所知提供年轻的朋友们参考，但是当中的复杂曲折不可能在群情激昂的集会当头解释得明白。即是今日濡笔临纸，还怕写得不妥当，徒生误解。

　　引起中国人群情激昂的最大原因，由于几十年后还有重要的日本官员否定南京屠杀。日军在南京的集体屠杀，有当日国际人士的报道，有日本军人自己所摄的照片，无法否认，只有被害人人数尚在争议之中。估计高的超过三十万，估计低的只称十万。战后东京国际法庭的估计为二十万。但即算以最少数计，杀人逾十万，不可能无高级将领指使。所以当日日军统帅松井石根被列为甲级战犯，在东京受吊刑。第六师团在城中奸淫放火，有国际难民委员会的指证，其师团长谷寿夫则经南京军事法庭判处死刑后枪决。其他施虐战犯只能象征式地提出三数人。例如在南京有日本尉级军官二人举行以军刀杀人竞赛，事载东京报纸，战后亦被押在南京枪决。

其他盟国情形亦复如此。例如美军之在菲律宾巴登半岛被俘者，被押解在酷暑行军。俘虏偶一离队喝饮附近泉水，即被押解之日军当场射杀，美俘称为"死亡行军"，其他残虐情形亦不堪胜计，战后只由军法审判，将当中高级将领如本间雅晴及山下奉文判死刑。

至于所说日人对发起侵略战争始终无悔过之意，所说不尽确实。我曾在1949年，于役中国驻日代表团，据资深同事道及，终战之后不久，可能为1946年，日本民间拟组织谢罪团前往中国，但谒见代表团团长商震时，彼不仅不予协助，反当场怒骂，至此日人不复提及正式道歉。

日皇裕仁是否应对战事负责，曾被提出讨论。国际法庭之首席法官魏蒲（Sir William Webb，澳洲人）曾说纵使日皇被迫主战，不能辞其咎。事实上，裕仁于1945年美军登陆后不久访问麦克阿瑟时，曾表示："我承担我们人民在［这次］战争之中所有政治与军事决策的全部责任，愿受将军所代表之权力的处分。"文载曼彻斯特（William Manchester）所作《麦帅传》。日皇秉性和平，人所共知，他不可能曾批准对华全面作战。因为即在卢沟桥事变两方军事冲突之后，"北支"驻屯军尚曾命令所部停止于保定之线。但东条英机时任关东军参谋长，板垣征四郎时为第五师团长（关东军有三个旅团增援，第五师团来自日本本土）忽视命令将战事扩大。事后二人均列作甲级战犯受刑。在上海方面日本参谋本部即在柳川兵团在杭州湾登陆之后，仍命令军事行动终止于苏州嘉兴之线。攻占南京之命令由松井石根擅发。

日皇个人性格更可以从以下事件看出：远在1935年即在日方强迫何应钦签订所谓"何梅协定"（"北支"驻屯军司令梅津美治郎

由参谋长酒井隆操纵）后，裕仁仍在中国驻日大使蒋作宾呈递国书时对蒋私自破例道出："此次华北事变，实对不住；对汪蒋二公之苦心深表敬佩，烦为转达"，载在蒋介石日记。战后酒井经南京军事法庭审判处死刑。

发动太平洋战争时须由日皇公告宣战。现存的记录表示裕仁曾一再置疑。最后御前会议群情已定，日皇仍拟表示意见，侍从近臣知至此辩说无益，授意阻止，但裕仁表示个人感慨仍即席吟短歌一首，所以日皇权位与其个人实为两途。战前美浓部博士作"天皇机关说"。战后日本公布新宪法称"天皇为日本国民统合之象征"。美国研究日本专家赖世和（Edwin O. Reischauer）即在他书中写出，此不足为奇，因为历来已是如此。只可见得习惯法不见诸文字，由来有素，明眼人已早看出。

V-J Day后国人只有极少数主张采取严厉态度对付日本，当中牵涉的理由非只一端。至今尚未为人普遍地注意：中国之对日抗战并未在势均力敌之条件下获胜，而系在万劫不复之环境内苦斗功成。战事开始时之三百余师，实际五花八门，无统一之编制装备战法，无统一之人事经理补给系统。即纠集此等部队于战场仍靠统帅向各省强人劝说，因之凡事仓皇凑合无从作合理之部署。作战方始半年，蒋介石所能亲自控制之德式装备三十个师即已损失殆尽。以后即无法补充。抗战后期仍称有兵力三百万，只有步枪约一百万枝，其火力不能与日军同日而语。一至国军被驱入内地，全国产钢量始终只有每年约一万吨（今日中国大陆产钢早已超过每年一亿吨）。即步机枪子弹之原料每月三百吨亦赖美机空运输入。制成之子弹平均每兵每月只分得四发（包括轻重机枪所用），一般各部队缺员自30%~50%。不仅缺乏炮兵及交通工具，而且缺乏医药绷带。当汪精卫出走投降之日即蒋之意志亦受损折，载在蒋日记。从日方资料看来，作战期间，日军至少有三次机会可以彻底解决中国，均因国际关系及全球战略剧变而作罢。迟至1943年蒋尚在其日记中提出，彼已可能无法完成"上帝所赋予之使命"。即直至1944年犹在自身嘱勉，切勿存"一死报国之念"，可见得此念已涌上彼之心头。又迟至1945年原子弹爆炸之前夕，中印公路已打通，美国军援已输入，国人估计战事尚需两年结束。以日军玉石俱焚之战法（详下），中国之东南必被彻底破坏，我人亦难保幸存。所以日本投降消息传来已令人喜出望外，群情实已无心计较惩凶赔款。

原在开罗会议时，罗斯福总统即向蒋委员长提及，战后占领日本，中国应取主动地位。但V-J Day后国军精锐原拟参加占领者已悉数调往东北。结果参加占领者只象征式地派出宪兵一排。（澳洲犹且派兵一师）。所以进占日本百分之九十由美方负责。当时日本已经过高度之破坏及损害，不仅占领军及军政府所费不赀，数年间民间食物医药燃料尚赖美方维持。况且冷战之端倪一开，美国政策改变为扶日抗苏，当时美国声称中国业经接收日本在华资产已可视作赔款，公平与否，中国本身尚望获得美国接济亦无法置辩。

当然的，中国之内战随着抗战接踵而至，是对外缺乏外交实力之一大主因。不仅如此，即对处置战犯也不得不带妥协态度。冈村宁次为终战时"支那"派遣军司令官，他在"北支"派遣军司令官任内，因中共动员全民作广泛的游击战，曾执行"三光"政策，亦即在战场内外全部杀光，所有房屋庐舍全部烧光，所有道路桥梁也全部破坏一光。他的行动是否已违反国际公法，至少应受军事裁判。但是因为他在战事结束之后，谨遵蒋委员长命令，指示各部队向蒋派遣之将领解除武装得免于置议，事后以病被遣送回国，最为中共在当时指摘。

然则终战时日军百余万仍占领中国大部所有重要城市铁道港口，当中发生任何事故，都足以为患深远或至不可收拾。根据第一次世界大战结束前后经验，战败国如俄德均有军队叛变产生纠纷，以日本将领在华自由行动如上述东条板垣等事例，冈村所部亦至可肇事。我自己于1945年9月初随第三方面军先遣部队抵上海，又随副司令长官郑洞国将军赴南京，此时京沪铁路全倚尚未受降之日军警卫，而一路秩序井然。黄埔路中央军校旧址为9月9日冈村签署降书场所，所有会场布置工作，一部由日本士兵担任，他们垂首听命毫无参差情节。据通日语之同事道及，他们下级军官对士兵训话仍保持十足威权，毫无恐惧失控情态。凡我所目睹身受日军上至将领下至士兵全部驯顺有礼。我与彼等相处数月曾未闻一句不逊之言，亦未见一个抱怨怀憾的表态。不久之前尚有一位友人在纽约《世界日报》为文称，彼曾在当日见及日军宪兵队尉级军官。因为日本宪兵平日为非作歹，终战后此等军官成日被居民痛打，但彼等受有冈村命令不得回手，以致每日脸部打肿，仍奉行命令如故。所以事在两难之间；不为华北无辜受害之民众伸冤固为心忍，若兹后仍将冈村宁次判罪处刑亦不近人情。

说到这里我也要提及当日日人处境杌陧，国人各个人对他们同情的原因。读者若非身历体会，至难想及国际战争中失败所附带的惩罚无形之中已及于全国全民。有如中日战争，实际主战的职业军人不说，附和的官僚政客不问，即一般工商界、学术界、艺术界人士很少不感到一生事业尽付流水。苏联在东北掳出战俘包括南满铁路及各处工业之技术人员，他们全部被解往西伯利亚，从此与家属隔绝，生死莫卜。即在中国境内凡日人所经营亦皆视作"敌产"，不问其系在华搜括或自身解囊投资。其人员被遣回国之日，每人只许携带随身衣物及值约美金二十元之现金。以后在占领期间，所有社会经济生活，概受盟总管制。数年之内，日人不得出国旅行，不得购买指定为日本必须出售换取外汇之货品，报纸杂志全受盟总检查，日人不得罢工，集会亦有严格限制，各城市之新式建筑甚少不为盟军征用。出入东京横滨之年轻女子大多数为美国军士之游伴。

即在1945年末季，日人处境凄惨已经被我们从旁看出，我敢于作见证：此时国军上下对过去敌人同情怜悯的多，始终怀恨者至少。即有南京大屠杀此刻已时过境迁，况且目下为我们指挥下之日军未必即是昔日残虐暴酷之日军。此种心肠出诸文教习惯，亦不待上官指示。旁观者英人威尔逊（Dick Wilson）即根据此时情景，在他书中赞扬中国人之胸襟宽大。

1945年至1946年之冬季，驻上海之日军第六十一师团在候船被遣回国之际，奉命做工修理沪杭公路，我与第三方面军司令部少校参谋莫吟秋负责实地监督并联络。其警卫即由国军第七十一军辎重营派出。（此部队以后亦调往东北，在内战期间全军覆没）我们深恐两方在数月前尚为死敌，中国士兵及下级军官文教程度亦浅，难免小事争执产生事端。以后看来如此顾虑全不必要，因为彼此身份职责均有共识，即无冲突之内因。有一日傍晚，我巡视至沿海一小镇，闻及七十一军之连长已与日军尉级军官镇中小饮，果然我倚候不久，四人带醉踉跄返队。此时日军为战俘，其装备齐整，国军为战胜者而衣服褴褛。但战俘只有每日给养，无薪给。国军之薪给为数亦有限，只因法币价值较沦陷区伪政府发行之"中储券"为高，尚可购得酒食。而此连长竟以本人薪给招待为彼监视做工之日俘。我刚一责问，他即辩说："报告贵参谋：人家打了败仗，亡了国，实在可怜啦！我不过带他们吃一顿饭。叫他们散散心，也没有旁的啦！"

我想只有中国之老粗军人，才有此胸襟怀抱。

所以提及中日关系必须穿插过不同场面与层次。既已概括整个关系尤无法避免当中有令我人感到不堪处。

英国小说家巴拉德（J.G.Balard）所作《日中的帝国》（*Empire of the Sun*）曾制为电影，一部分记当日中日两军在上海附近交锋，作者童年的遭遇。书中即盛称日军勇敢，华人怯懦。美国人白甘米尼（David Bergamini）所著《日本帝国之阴谋》（*Japanese Imperial Conspiracy*）也称当日他希望日人得胜，因为日本人整洁勤奋，中国人肮脏懒惰。日本人制造机器，中国人只知将之拆烂。美国情报军官海军少将莱顿（Edwin T. Layton）所作回忆录题为《凡事都有我在场》（*And I Was There*），书中也提到1937年中日军事冲突消息传来他正在东京候车，在车站内即侧耳听及：日人论说彼方毋庸派兵，只遣送一部分童子军已足对付。

这些还是几十年前旧事，可是近年来日人已主张修改教科书，只称在华为进军，不称侵略战事。重要官员往靖国神社参拜，内有东条英机等人神位。否定或淡化南京屠杀有如上述。不久之前《纽约时报》记者纪思道（*Nicholas Kristof*）访问前七三一部队（日军细菌战部队）之军医。此人提及将中国俘虏以细菌处理后，将其身体解剖，切入肺腑以观成效。当时不用麻醉剂，受害者痛极呼号，但他施用解剖刀如故，不为所动，此等情节读之令人胆战心惊，而说者全无悔恨情调。只称既要作战，即须贯彻到底。如此新闻载在举世瞩目之报纸，中国人应如何表态?即海外华人应作何反应?

我既作此篇论文，涉及内外上下，即不能将此种情节遗置不问。可是另一方面仍要重申前旨：今逢各种关系丛集之际，我之治史归纳重于分析。以上各节已触及宗教问题，也与人类学有关。

德皇威廉认为日人好血，并非毫无根据。但是也要追究其来源。若干人类学者以为日本各岛原有一个火山地震海啸之背景，海上渔人又经常有风涛之险，于是在群众心理中产生一种不能规避畏死的要求，进而崇拜视死如归之勇气。中国军事学专家蒋百里亦曾解释，日人崇拜鲤鱼，因为鲤鱼虽受伤而不动。至此英猛与残忍难分。从一个冒险犯难的心理状态进而追求"祈战死"。日人又崇奉神道。神道不难粗率地解释，"神"与西方之上帝不同，而系一种崇高超特的品质。（但是精神上的长生不死很容易在各人心目中延伸而为实质之长生不死）"道"乃是某种行动中发挥自然赋予的节奏之诀窍。是以饮茶有茶道，使剑有剑道，其他各种行动之中无不有其"道"。这样看来，"武士道"如何能避免寻觅各种机缘的力战至死，杀伤过当?剖腹自杀更是避免失败与过失，挽回名誉之出路。其死时不仅要有勇气，还要合乎仪节。很显然的，这已不是各个人内在之决心，而是社会与传统的压力。

1864年日本维新前夕，英美法荷船舰强行通过本州及长州海峡，与当地封建领主作战，日方不支屈服，是为"下关事件"。当西方各国要求惩凶时，藩主令武士十余人依次切腹，此时各人死态惨绝人寰，不及半而西方人士要求停止。日俄战争时乃木希典为日第三军指挥官，攻旅顺三度失败，参谋总长山县有朋要求此人撤职，只因明治天皇袒护不允。以后明治去世之日乃木切腹，其妻静子与之相殉，自此日人视乃木希典为战神。即在抗战期间日军中下级军官亦有在战场零星切腹事例，这样日人已将封建社会习惯延伸而至现代。日本军官以俘虏做训练士兵使用刺刀之用，其违情害理，在他们看来仍继续此好血好勇之传统。纪思道所叙七三一部队之军医，显在夸耀其本人好血好勇。

日人作战到底不计人命牺牲的精神与战法，在战场上确有成效。硫磺岛之役，日军二万人在美军海军炮及飞机轰炸之下仍杀伤美军二万六千余人，日军只一千零八十三人得脱，多系受伤无法行动。缅甸密支那之役，日方使盟军受损五千三百八十三人（包括伤病），内美军一千二百二十七人。当时我们以为守城者至少有日军五千人，及至战后真相大白，才知对方最多不过约三千人，最少时只一千余人，但是因为他们弹不虚发能迟滞我军之进展达七十八日。最后其指挥官水上源藏自杀，但所指挥日军仍有数百人能于夜间沿伊洛瓦底江逃脱。滇西松山之役，日军一一三联队居高临下，我军在雨季之中冒险攻坚，但彼方之一千二百人竟杀伤我军人数六至七倍。最后日军只有十人逃脱，此外又有九人被俘，乃因我军坑道作业以炸药将之震昏。据此中俘房称，先一日他们已焚烧军旗，残杀自方之伤病者。此种做法为历来军事典范所无，只能视作宗教影响。

写至此处，我也必须提及此种传统业已在二次大战中中断。当我军向缅北进军企图打通中印公路之际，在此方面应付我方之日军将领为第十五军军长牟田口廉也。此人为卢沟桥事变时之联队长。他眼见盟军即将入缅，于是构想一个以攻为守之战略。日军以第十八师团迟滞我军，其他三个师团全部通过森林与丛山，向印度之东北角进犯，以期夺取盟军空军基地，截断我军补给及后方交通。此处人迹罕通，日军又无空军支援，补给供应更成问题。但是牟田口廉有东条英机之支持，力排众议，只望奇袭功成进入印度阿萨姆省平原，可以使整个战局改观。其弹药以牛车载运，运完即宰食牛。军士并曾训练吃草。

不料英印军收缩防线，候日军进至山中基地较开阔处时以空运及空军全力对付，是役盟军之战斗机即飞行二万九千六百六十架次，可能超过地面部队之火力。日军战死三万，伤病四万二千，残余只原额十分之一。其三个师团长两个撤职，一个以抗命自动撤退受军法审判。及至总退却命下时正值雨季高潮，据生还者云，伤病兵眼鼻生蛆。各人称自印度之退路为"靖国街道"（日文"街道"不限于市区，凡重要道路皆可称"街道"），亦即灵位直达神社之捷径。事载林茂所著《太平洋战争》（收入中央公论社所发行《日本の历史》系列）。可见得天堂与地狱间之区别，日人所见不一定必与我们凡人所见不同。

读者想当闻及，日本空军之称"神风"突击队之有死无生的飞行员与家人诀别时，其离家之际，众人即对之以神灵相视。然则据战后与彼等接近人士所著回忆录，最后期间此等以身殉国之志士，并非每个胸怀朗落，而多数表示沉闷抑郁。

V-J Day后日人心理有重要之转折。一般以狭义之爱国观念为耻。数年之内不见国旗飘摇。旧金山和约签字，日本主权恢复后犹然。民意测验中一般青年表示最钦慕之国家，一为美国，次为瑞士、瑞典。

最近约二十五年日本民族主义复兴，可以视作战后反动之再转折。当中各人动机复杂。三岛由纪夫在1969年无端剖腹自杀，希望如此可以激动志气消沉之日本国民，其行动固为狂妄，但我们仍应将此人一生经历环境背景一并加入考虑。又有不少人士以为日本经济地位已在世界举足轻重，其政治军事地位亦应与之相埒。殊不知日本与美国订有安全保障条约，任美军负责其国防，本身将军事费用降低至国民生产总额之百分之一，为经济突飞猛进之一大主因。又有欲为第二次大战期间日军行动洗刷之政客，本身亦为参战之军人，他们希望翻案亦可以增强本人身份履历。亦有人以为战事结束已逾半个世纪，日本对黩武所付代价亦非不沉重，应不再使其全国全民长期永续担当发动战事之罪名；即赴靖国神社参拜仍与支持东条英机等人决策有至远之距离。这种种动机，合适与否，总之即已透过多种复杂因素之运作。

而且在90年代，日本之出处又更加一重阴影。此即经济不景气，而且迄今尚无打开出路之征象。

主要原因由于日本工资过高，中国两岸三地及东南亚各国相继工业化后，西方各国投资倾向后者各处，即日本本国资金亦向各该国外流，引起经济指数长期停滞于现阶段，失业人数亦渐增高。且日本工商业亦仍保持传统习惯，即产业亏本，亦不愿解雇劳工或宣告破产，放债者亦不愿向借户催逼，此种作风只有使低沉之处更为低沉，新事业可以使景况复苏者，亦无从着手。西方各国加压，望日本开放国内银行事业，减税以活跃国内消费市场。但日本政府如接受此种办法，短期间内当见破产与失业剧增。加以日本缺乏可以存储价值之事物，剩余资金或购储美国公债，或买置本国地产。长期执政之自由民主党，历来依靠农村

选票，过去遍筑铁道桥梁公路，使各处地产不断增值。若干村镇之地产早已超过其使用价值，不少业主邀人耕耘不收佃金，仅使土地不至荒芜而已。日本稻米生产亦如东亚其他各国以小块土地耕耘，精密操作为主，因之农业工资无法增高。近年以来地产已高度贬值，再度减税后，海外农产品进口将增加农村经济困难。

最近上院选举自由民主党失势，首相桥本龙太郎辞职，继任人选酝酿未定甚久，即表示经济政策无显明出处之彷徨。

经济低沉引起社会不稳，传统上日本之过激分子在此际活动。1995年麻原彰晃之奥姆真理教教徒在地铁散放毒气，受害者七百人，已现此迹兆。据官方调查麻原之信从者尚且在非洲购买细菌设厂繁殖，在东京施放，预计杀人百万，有此高度破坏后夺取政权，并将其权力施于海外，只因细菌处理未能如预期未酿事端。有识者当记得1930年间日本军人发动侵略战争，最初亦在国内由激进分子主持暗杀暴动，学者亦推究其远因在农村经济萧条。至今美国大学用之标准教科书，尚着重此中关系。

这一串发展，更逼近前已提及之问题：中国人应如何表态？海外华人应作何反应？

我的建议：我们不能紧抓着往事永远不放，而要瞻望前途。第二次世界大战由于少数日本人借着宗教力量及武士道传统胁迫全国遽尔走上覆亡的道路，日人已付出至高之代价，继续空口辩论无

日本，Nippon，Japan

益。而且今日局势，与1930年间相较又有了绝大之区别。原子弹的威胁已使大规模战争无法取胜。而且以今日交通通信发达，国际间接触频繁，各国经济亦至难再彼此隔绝。

即算今日日人以"保安"及"自卫"名义成立有限制之军队，至少在名义上仍未放弃1946年永不参战之宪法，一般民众仍对核武器有极端的反感，美军驻日在1945年开始曾未间断，至今如是。

三岛由纪夫的自杀并未引起普遍同情。麻原彰晃与七三一部队匿名的军医并未被人视作大众英雄。至于日人是否应恢复其好勇好血之传统已近于宗教问题，应由日人自身决定。我们相信彼邦自有有识之士，旁人置喙亦甚鲜成效。数年之前东京发现畅销小说，内中叙述美日大战，日军大获全胜，占领美国西部海岸，各发售数万册至数十万册。美国报纸虽有报道，但未闻有官方抗议或民间示威反对情事。

我作此文的目的当然不是提倡逆来顺受，合理合法之要求亦不应提出。我只是建议：中国人应增强自信。中国无发动攻击性的战争向外拓土的能力，但是仍有极坚实之防御能力，而以经过八年抗战的锻炼后尤然。

我在各处发表的文字，曾未掩饰中国之弱点。前述西方孩童认为中国军民怯弱，从单独发生的事件看出，必系实情。南京之被屠杀几十万，即是实证。穷究之则是中国无组织结构。以一个中世纪的国家，民智未开抵挡不住一个装备齐全，纪律完整，结构扎实和士气旺盛的新式军事体制。这样才有八年抗战，被日人杀进堂奥，几乎倾覆。

但是我们将八年抗战所有的经历，前后联缀，上下贯通，则所见又不同了。1937年在中国被逼作战，无全盘作战计划，无财政准备，无友邦支援。当日的决策，可以说完全依赖前述蒋百里的十四字秘诀："胜也罢，败也罢，只是不要和他讲和。"他的想法则是中国地广人多，被侵略而自卫必得道多助。这也是蒋介石的一贯方针，几十年之后使我们惊讶的是：他这方针早已一字一句在战前写出公布，其中尚有一句："除非日本真能在十天之内灭亡中国，要拖上三个月十个月或半年的时间则日本地位甚为危险。"嘱盼日人注意。八年抗战期间，他的情绪确有不定的时期，但是他的决心曾未放弃。他叮咛自己不要一死报国，可见当日他顶当危局任劳任怨比一死报国还要困难。白修德（Theodore White）在抗战期间暴露中国的弱点不遗余力，可是他也在1943年写出："这支军队能支撑着抵御日军达六年之久乃是奇事之中又最为特出之处。"前面说及日军在云南松山和缅北密支那杀伤国军数倍，但是读者不要忘记，最后他们的阵地仍被我军突破。即像1940年广西九塘之役和1944年湖南衡阳之役，日人均在阵地前称"勇敢之重庆军。"

夸扬战功，也不是我在此作文之目的。在此千言万语，我只着重以30年代及1940年间的艰困中国尚能咬紧牙关挣扎，渡过危机。则今日青年研读这段记录，不可能再失去自信。中国今日需要的不是好勇好血的言辞，而是纪律与组织。有此自信即不容易为少数有煽动力量的言辞感到惶惑。也不至于无端放弃中国传统之人本主义的精神，招怨树敌。中国与日本无永远的冤仇，已在V-J Day表态明白。

前面说过：这套想法，不容易在情绪激昂时叙述得明白。至此只有在畅论"关系"时再简切地说出：好勇不必好血，因为我们文教传统里，早已有"大勇"的名目在。